Les petits Archimède

CE2
CM1
CM2

la matière

Sciences expérimentales et technologie

Bruno Hennoque
Conseiller pédagogique Sciences, DSDEN de l'Yonne

Francette Édet
Professeure de SVT, IUFM de Bourgogne

Hatier

Bruno Hennoque remercie :

* Alain Valtat, professeur de sciences physiques à l'IUFM d'Auxerre,

* Vincent Devaux, professeur de sciences physiques à Sens,

* Dominique, Jeanne, Marylène et Marie,

pour leurs relectures.

Il adresse également une amicale pensée à François Germain, avec qui ce projet a débuté, et remercie Rémi pour sa participation active à l'ouvrage.

Principe maquette : Grégoire Bourdin

Mise en page : Librairie Nationale (Abdelkrim Boutaïb)

Illustrations : Sébastien Azzi

Infographies : Coredoc (Laurent Blondel)

Iconographie : Hatier Illustrations (Nelly Gras)

Édition : Marie Bouvet-Landat

 ISBN : 978-2-218-97961-3

Sommaire

États et changements d'états

Le trajet de l'eau dans la nature

Le maintien de la qualité de l'eau pour ses utilisations

Mélanges et solutions

L'air et les pollutions de l'air

Les déchets : réduire, réutiliser, recycler

1 L'eau est-elle toujours liquide ?

1

2

3

4

5

6

On en discute

- **A** Sous quelle(s) forme(s) l'eau apparait-elle sur chacune de ces photos ?
- **B** Quel nom lui donne-t-on dans chaque cas ?
- **C** Classe ces photos en plusieurs catégories. Donne un titre à chaque catégorie.

Je cherche des réponses

ÉTAPE 1 Les liquides ont-ils tous des points communs ? Et les solides ?

1. lait

2. farine

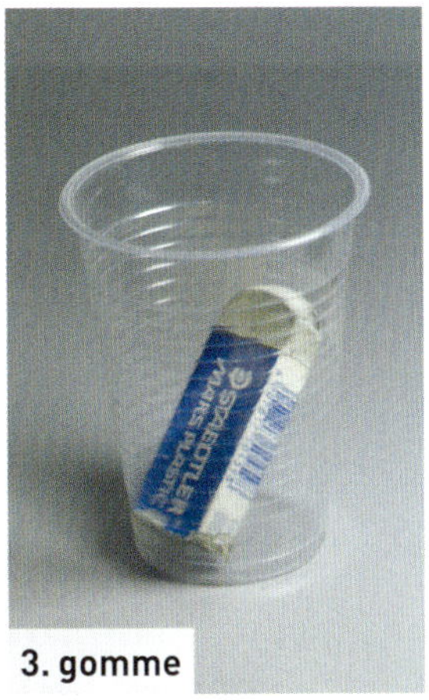
3. gomme

4. eau

5. caillou

1 Prépare des gobelets comme sur les photos ci-dessus et observe-les.

→ **Que peux-tu dire de leur contenu ?**

2 Donne les caractéristiques de chaque contenu dans un tableau comme celui ci-dessous. Précise quel est son état physique, c'est-à-dire si c'est un solide ou un liquide.

Numéro du gobelet	Contenu	Caractéristiques	État physique
1			
2			
...			
5			

→ **Tous les liquides ont-ils les mêmes caractéristiques ? Et les solides ? Y a-t-il des exceptions ?**

■ Prends maintenant un glaçon. Quelles sont ses caractéristiques ? À quel état physique cela correspond-il ?

ÉTAPE 2 Existe-t-il d'autres états physiques de l'eau ?

3 Souffle sur un miroir ou sur une vitre. Qu'observes-tu ?

→ **Quel est l'état physique de ce qui sort de ta bouche et qui se dépose ensuite sur le miroir ?**

Le magazine d'Archimède
Comment les états de l'eau renseignent-ils les météorologistes ? À lire page 23.

J'ai compris

LES ÉTATS PHYSIQUES DE L'EAU

	 L'eau SOLIDE : la glace	 L'eau LIQUIDE	 L'eau sous forme de GAZ : la vapeur d'eau
On peut la voir	OUI	OUI	NON
Elle a une forme	OUI	NON : elle prend la forme du récipient qui la contient. Au repos, sa surface libre est toujours plane et horizontale.	NON : elle prend la forme du récipient qui la contient.
On peut la saisir avec les doigts	OUI	NON	NON
Exemples/Solutions de la page 4	5. neige 6. grêle	1. brouillard 2. étang 3. nuage 4. pluie	1.2.3.4.5.6. vapeur d'eau

Je retiens

1 Les matières qui composent tout ce qui nous entoure existent essentiellement sous 3 aspects différents qu'on appelle des **états physiques : les liquides, les solides et les gaz.**

Dans le cas de l'eau, les 3 états sont présents dans la nature : l'état solide (grêle, neige...), l'état liquide, et l'état gazeux (vapeur d'eau). Dans l'air, il y a toujours de la vapeur d'eau.

VOCABULAIRE

État physique : aspect physique de la matière qui peut être liquide, solide ou gazeuse.

Gaz : état de la matière qui ne possède pas de forme propre. Un gaz occupe tout le volume du récipient qui le contient. Il est presque toujours invisible.

Liquide : état de la matière qui ne possède pas de forme propre. Un liquide coule. Il prend la forme du récipient qui le contient.

Matière : ce qui constitue tout ce qui nous entoure.

Solide : état de la matière qui possède une forme propre et qui peut être saisie entre les doigts.

À moi de jouer !

De l'eau partout autour de nous ?

Cherche les différents états de l'eau présents dans cette scène. Note-les dans ton classeur de sciences.

DÉFI D'autres matières qui changent d'état

Organisation :
individuel

Cherche, chez toi, d'autres matières qui peuvent facilement changer d'état et amène-les en classe. Compare avec ce que tes camarades ont apporté.

2 Comment sèche ce qui est mouillé ?

1

2

3

On en discute

A Où va l'eau lorsque le tableau, les cheveux ou la feuille sèchent ? Sous quelle forme ?

B Qu'utilise la jeune fille pour se sécher les cheveux ? Pourquoi ?

Je cherche des réponses

ÉTAPE 1 Où va l'eau de ce qui sèche ?

1 Prends un verre et passe-le sous l'eau pour qu'il soit bien mouillé à l'intérieur et à l'extérieur.
Puis, retourne-le et pose-le sur une surface bien lisse.

- Fais un schéma de cette expérience dans ton classeur de sciences.

FICHE MÉTHODE N° 4 : LE SCHÉMA.

- Que va-t-il se passer ? Émets des hypothèses.
- Au bout de quelques minutes, observe l'intérieur du verre, puis l'extérieur. Qu'en déduis-tu ?

→ **Comment s'appelle le phénomène observé sur la paroi extérieure du verre ?**

ÉTAPE 2 Qu'est-ce qui peut accélérer le séchage ?

2 Dans quelle situation le linge sèchera-t-il le plus rapidement ? Explique pourquoi.

→ **En t'aidant des photos, cite trois paramètres qui permettent d'accélérer le séchage.**

3 Imagine et dessine des dispositifs qui permettront de vérifier que les trois paramètres que tu as cités à la question précédente accélèrent réellement l'évaporation.
Mets-les en place.
Note tes observations et rédige un compte rendu.

FICHES MÉTHODE N^OS 2 et 3 : LE COMPTE RENDU et LES PARAMÈTRES D'UNE EXPÉRIENCE.

Le magazine d'Archimède
Comment une pomme de pin donne-t-elle des indications météo ?
À lire page 23.

3 Que se passe-t-il quand on chauffe de l'eau ?

On en discute

A Ces photos ont été prises à différents moments du chauffage de l'eau dans une casserole. Qu'observes-tu dans l'eau ? Et au-dessus ?

B À quelle température l'eau bout-elle ?

C Cette température augmente-t-elle encore si on continue à chauffer l'eau ?

D Que contiennent les bulles que tu vois éclater à la surface ?

Je cherche des réponses

ÉTAPE 1 Quelles sont les différentes phases d'une ébullition ?

NÉCESSITE LA PRÉSENCE D'UN ADULTE

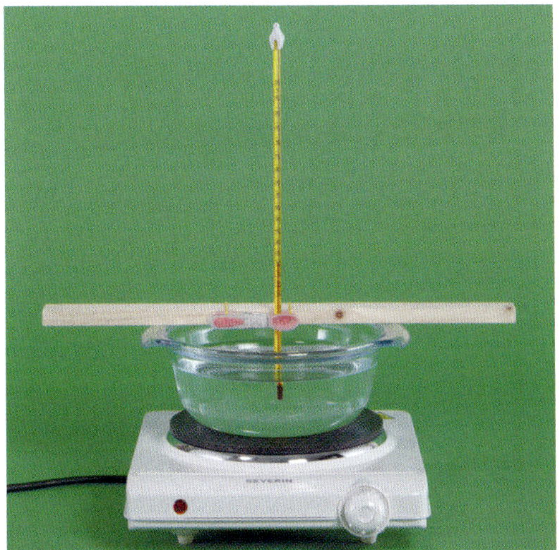

Dispositif de mesure de la température d'ébullition de l'eau

1 Pose une casserole (ou un récipient transparent en pyrex) contenant 1 litre d'eau sur une plaque chauffante éteinte et plonge un thermomètre dedans.
Fais un schéma de ce dispositif dans ton classeur de sciences.
FICHE MÉTHODE N° 4 : LE SCHÉMA.

■ Un adulte allume ensuite la plaque chauffante. Toutes les minutes pendant 10 minutes, note la température de l'eau dans un tableau. Note également tes observations, c'est-à-dire ce qui se passe.

Temps (min)	0	1	2	3	4	...
Température (°C)						
Observations						

→ **À quelles questions de la page précédente ce tableau te permet-il de répondre ?**

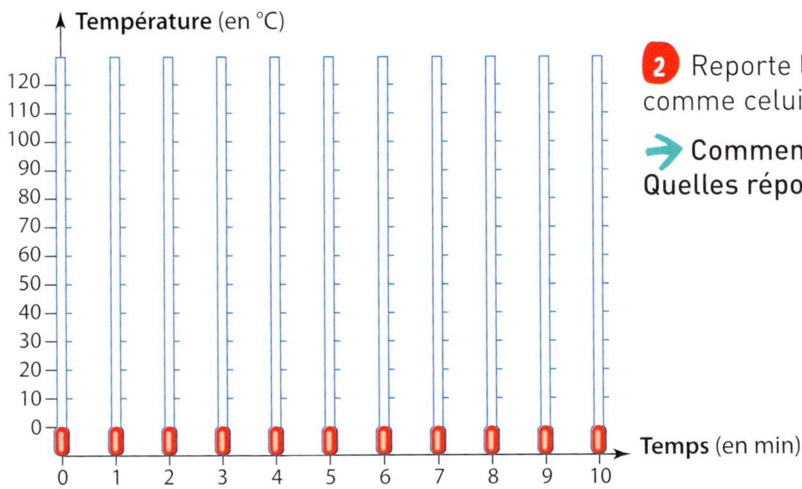

2 Reporte les températures relevées dans un graphique comme celui ci-contre, et relie les points tracés.

→ **Comment interprètes-tu la courbe obtenue ? Quelles réponses t'apporte-t-elle ?**

ÉTAPE 2 Que devient l'eau qui bout ?

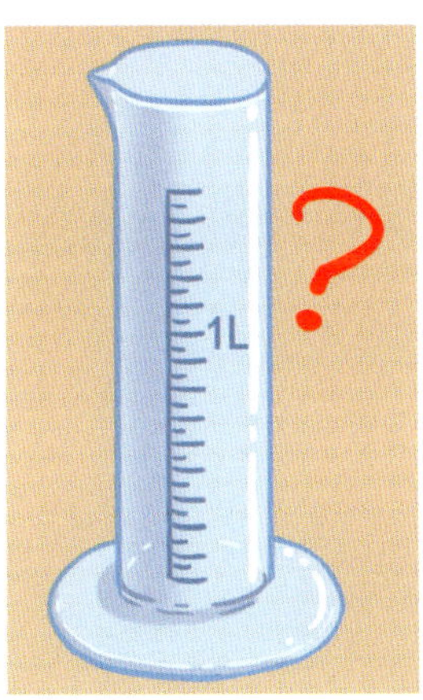

3 À la fin de l'expérience, lorsque l'eau a refroidi, mesure la quantité contenue dans la casserole.
Compare-la avec la quantité d'eau au début de l'expérience (étape 1).

→ **Que constates-tu ? Comment expliques-tu ce résultat ?**

→ **As-tu maintenant une idée de ce qui forme les bulles que tu as observées lors de l'ébullition ? Et de ce qui s'élève au-dessus de la casserole ?**

■ Vérifie tes propositions en cherchant dans des livres ou sur Internet.

Le magazine d'Archimède
Toutes les matières bouillent-elles à la même température ? À lire page 22.

4 Dans quels cas la buée se forme-t-elle ?

2

On en discute

- **A** Indique, pour chaque photo, où se forme la buée.
- **B** Dans quelles conditions apparait-elle ?
- **C** De quoi est-elle composée et d'où vient-elle ?

ÉTAPE 1 De quoi est composée la buée ?

NÉCESSITE LA PRÉSENCE D'UN ADULTE

1 Tiens une assiette pendant quelques secondes au-dessus d'une casserole d'eau qui bout (utilise un gant de cuisine pour te protéger).

■ Recommence en tenant une assiette identique à la même hauteur, au-dessus de la même casserole, qui contient cette fois de l'eau froide.

■ Fais un schéma de ces deux situations et décris ce que tu as observé pour chacune dans ton classeur de sciences.
FICHE MÉTHODE N° 4 : LE SCHÉMA.

→ **Comment expliques-tu ce phénomène ?**

ÉTAPE 2 Dans quelles conditions la buée se forme-t-elle et d'où vient-elle ?

Bouteille 1

2 Pose l'une à côté de l'autre deux bouteilles d'eau identiques, bouchées :
- la bouteille 1 a passé quelques heures au réfrigérateur ;
- la bouteille 2 est restée dans la classe à température ambiante.
Attends quelques minutes.

■ Que se passe-t-il ? Note tes observations dans ton classeur de sciences.

→ **Comment expliques-tu cette différence ?**

→ **D'où vient ce que tu as observé sur la bouteille 1 ? Comment cela s'est-il formé ?**

■ Rédige une conclusion dans ton classeur de sciences.

Le magazine d'Archimède

Sais-tu ce qu'est l'hygrométrie ? À lire page 23.

J'ai compris

VAPORISATION ET LIQUÉFACTION

Liquide

Vaporisation
évaporation
ou ébullition
→
←
Liquéfaction

Gaz (vapeur)

- **L'évaporation est accélérée par :**

- la chaleur

- la ventilation

- une grande surface de contact avec l'air

- un air sec

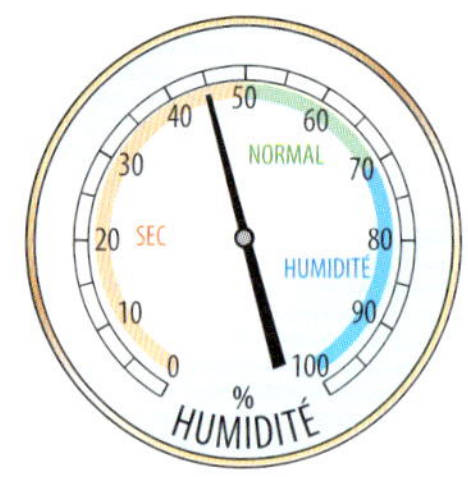

- **L'ébullition**

L'eau bout vers 100 °C.

- **La liquéfaction**

L'eau contenue dans l'air se liquéfie au contact d'une surface froide.

Je retiens

2 **3** L'eau liquide peut se transformer en gaz, qu'on appelle la **vapeur d'eau**, de deux façons :
- soit par **évaporation** à sa surface, à température ambiante ;
- soit par **ébullition** dans tout son volume, aux environs de 100 °C.

C'est le phénomène de **vaporisation**.
La vapeur d'eau est invisible.

4 L'eau évaporée ne disparait pas mais reste dans l'air. Au contact d'une surface froide ou d'air froid, elle redevient liquide : c'est le phénomène de **liquéfaction**. La vapeur se transforme alors en **buée** ou en **brouillard**.

VOCABULAIRE

Buée : vapeur d'eau liquéfiée au contact d'une surface froide.

Condensation : autre nom souvent donné à la liquéfaction.

Degrés Celsius (°C) : échelle de température, l'eau bout vers 100 °C.

Ébullition : vaporisation rapide qui a lieu dans tout le volume du liquide. Pour l'eau, l'ébullition a lieu vers 100 °C.

Évaporation : vaporisation lente qui se produit à la surface du liquide à température ambiante.

Liquéfaction : passage de l'état gazeux à l'état liquide.

Vapeur d'eau : eau à l'état gazeux.

Vaporisation : passage de l'état liquide à l'état gazeux (vapeur).

À moi de jouer !

1 Développement durable

Quelle est la température de l'eau lorsqu'elle bout faiblement ? Et lorsqu'elle bout beaucoup ? Rédige un court texte qui montre quelles économies d'énergie il est possible de réaliser quand on fait cuire des pâtes par exemple.

2 Une drôle de bouilloire...

NOTICE

Si vous la laissez sans surveillance, cette bouilloire vous préviendra lorsque l'eau arrivera à ébullition, grâce au sifflet fixé sur son bec verseur. La roue tourne également.

Explique pourquoi la bouilloire commence à siffler et pourquoi la roue se met à tourner lorsque l'eau arrive à ébullition.

3 Curiosité hivernale

En te servant de ce que tu as appris, explique pourquoi tu vois un petit « nuage » sortir de ta bouche lorsque tu expires par temps froid. De quoi s'agit-il ?

DÉFI Fabriquer un nuage

Organisation : par groupe de 3 ou 4 élèves

Imaginez une expérience pour fabriquer un nuage en miniature.

Inspirez-vous des expériences des pages précédentes.

Décrivez votre dispositif dans vos classeurs de sciences. N'oubliez pas de préciser le matériel dont vous avez besoin.

5 Quels changements subit l'eau quand elle devient solide ?

1

2

3

4

On en discute

A Que représentent ces photos ? À quelle saison ont-elles été prises ? Pourquoi ?

B Quelle condition est nécessaire pour que l'eau devienne solide ?

C À quelle température se produit cette transformation ?

D Peux-tu citer un autre changement que subit l'eau en gelant ?

Je cherche des réponses

ÉTAPE 1 Comment évolue la température de l'eau quand elle se transforme en glace ?

1 Plonge un thermomètre dans un verre de glace pilée.
Note la température au bout de 3 minutes dans ton classeur.

■ Recommence cette expérience en mélangeant du sel à la glace pilée (on appelle cela un mélange réfrigérant).
Note dans ton classeur la température de ce mélange au bout de 3 minutes. Que constates-tu ?

→ **Qu'en déduis-tu ?**

Tube à essai contenant de l'eau dans un mélange réfrigérant

2 Verse environ 3 cm d'eau dans un tube à essai et plonge un thermomètre dedans.

■ Place ce tube dans le mélange réfrigérant (voir photo).

■ Relève la température toutes les minutes pendant 10 minutes environ et note-la dans un tableau comme celui ci-dessous. Note également ce que tu observes dans le tube. Que constates-tu ?

Temps (min)	0	1	2	3	4	...
Température (°C)						
Observations						

→ **Quelles réponses t'apportent ces mesures ?**
Sais-tu comment s'appelle ce changement d'état ?

ÉTAPE 2 Quel autre changement cette transformation entraine-t-elle ?

Une bouteille d'eau qui vient d'être déposée dans un congélateur

3 Remplis d'eau à ras bord une bouteille en plastique rigide et referme-la.
Dépose-la ensuite dans un congélateur.

■ À ton avis, que va-t-il se passer ?
Pourquoi ?
Note tes hypothèses dans ton classeur.

■ Observe le résultat le lendemain.
Rédige le compte rendu de cette expérience.
FICHE MÉTHODE N° 2 : LE COMPTE RENDU D'EXPÉRIENCE.

→ **Quelle conclusion peux-tu en tirer ?**

Le magazine d'Archimède
Quelle forme a un cristal de neige ? À lire page 22.

6 Que se passe-t-il lorsque la glace fond ?

1

L'entrée de l'hôtel

◀ Chaque année, au mois de novembre, dans le village suédois de Jukkasjärvi, un hôtel très particulier est construit. Une équipe d'une trentaine de personnes entasse des tonnes de neige pour donner forme à cet édifice de plus de soixante chambres.

2

Un salon

◀ Après plus d'un mois de travail, l'hôtel peut ouvrir ses portes. La température à l'intérieur est environ de - 4 °C alors qu'il fait près de - 30 °C à l'extérieur.

▶ À la fin du mois d'avril, l'hôtel commence à disparaitre lentement. Il faudra alors attendre le mois de novembre suivant pour qu'un nouvel hôtel voie le jour…

3

Une chan

On en discute

A Dans quel pays se situe cet hôtel ? Trouve-le sur une carte géographique.

B Pourrait-on construire des hôtels identiques partout dans le monde ? Pourquoi ?

C Pour quelle(s) raison(s) faut-il le reconstruire chaque année ?

ÉTAPE 1 À quelle température la glace fond-elle ?

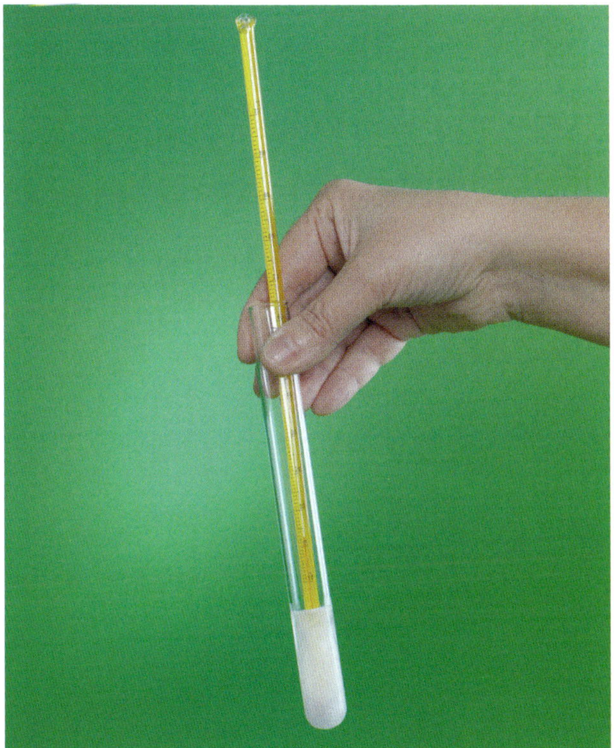

Tube à essai contenant de la glace

1 Prépare un mélange réfrigérant dans un verre (voir page 17).

■ Verse environ 3 cm d'eau dans un tube à essai et plonge un thermomètre dedans.

■ Enfonce ce tube à essai dans le mélange réfrigérant et attends que l'eau contenue dans le tube se solidifie.

■ Retire ensuite le tube à essai du verre et relève la température toutes les minutes. Note-la dans un tableau. Note aussi tes observations.

Temps (min)	0	1	2	3	4	5	6	...
Température (° C)								
Observations								

■ Que constates-tu ?

→ **Quelles réponses t'apportent ces mesures ? Sais-tu comment s'appelle ce changement d'état ?**

ÉTAPE 2 Peut-on observer d'autres changements ?

2 Pose un récipient contenant de la glace sur une balance.

■ Relève la masse indiquée et repère le niveau de la glace en traçant un trait au feutre indélébile.

■ Lorsque la glace a fondu, essuie soigneusement les parois extérieures du récipient. Relève la masse indiquée par la balance ainsi que le volume d'eau. Que constates-tu ?

→ **Qu'en déduis-tu ?**

Récipient contenant de la glace sur une balance

Le magazine d'Archimède

Découvre une manière originale de rafraichir une boisson. À lire page 22.

J'ai compris

SOLIDIFICATION ET FUSION

Liquide **Solide**

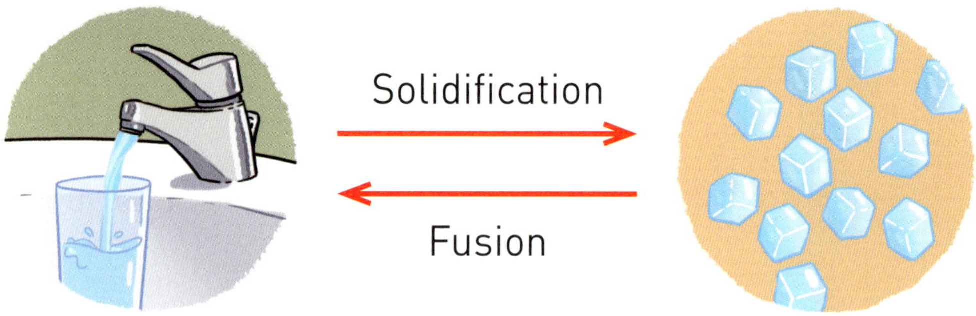

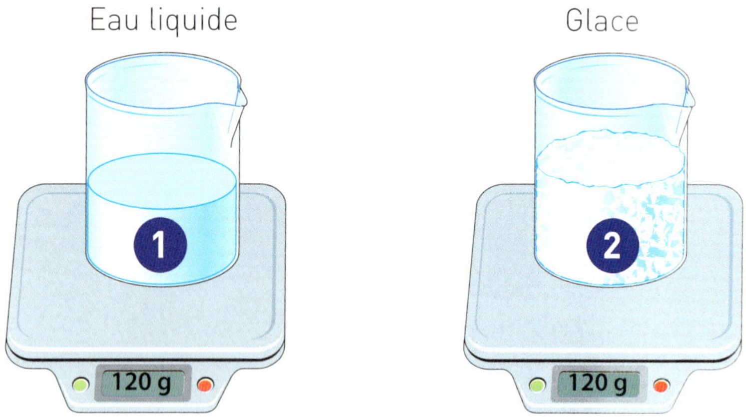

Au cours de ces changements d'état (fusion / solidification) :

- **la matière est conservée**
  la glace (2) est constituée de la même eau qu'en (1) ;
- **la masse est conservée**
  la glace (2) a la même masse que l'eau liquide (1) ;
- **le volume n'est pas conservé**
  la glace (2) a un volume supérieur à celui de l'eau liquide (1).

Je retiens

5 L'eau liquide devient progressivement solide à partir de 0 °C quand sa température baisse. Ce changement d'état s'appelle la **solidification**. Le volume de l'eau augmente quand elle se solidifie. C'est l'une des seules matières pour laquelle cela se produit.

6 La glace peut fondre pour redevenir de l'eau liquide, c'est la **fusion**. La fusion se produit quand la température remonte au-dessus de 0 °C. Le volume de l'eau diminue lors de la fusion mais la masse ne change pas.

VOCABULAIRE

Fusion : passage de l'état solide à l'état liquide.

Geler : se solidifier en perdant de la chaleur.

Glace : eau solide.

Solidification : passage de l'état liquide à l'état solide.

À moi de jouer !

1 Qu'est-ce qui pèse le plus lourd ?

Remplis une bouteille de glaçons, une autre de neige (ou de glace pilée) et la dernière d'eau liquide. Laquelle est la plus lourde ? Justifie ta réponse.

Puis, vérifie en t'aidant d'une balance.

2 Comment détordre une gourde métallique ?

En t'aidant de ce que tu as appris sur la solidification, imagine un protocole d'expérience qui permettrait de détordre une gourde métallique abimée lors d'une randonnée.

DÉFI Faire fondre la glace

Matériel : des verres contenant de la glace

Organisation : par groupe de 3 ou 4 élèves

Chaque groupe dispose d'un verre contenant la même quantité de glace. Il faut imaginer comment la faire fondre entièrement le plus vite possible.

Vous proposerez vos hypothèses, puis vous établirez un protocole d'expérimentation. Essayez de déterminer quels paramètres peuvent accélérer cette fusion.

Le magazine d'Archimède

Toutes les matières bouillent-elles à la même température ?

On appelle point d'ébullition, la température la plus élevée que peut atteindre une matière quand elle bout, avant de se vaporiser. Si l'eau bout à 100 °C, ce n'est pas le cas des autres matières. Par exemple, l'azote bout à – 196 °C, le plomb à 1 749 °C et l'or à 2 856 °C.

Or à très haute température

Comment se forme la neige ?

Dans les nuages où il fait très froid, des cristaux de glace se forment directement à partir de la vapeur d'eau. Chacun de ces cristaux est constitué d'une étoile à 6 branches, mais tous sont différents. Ensuite, lors de leur chute vers le sol, les cristaux s'agglutinent pour constituer des flocons, plus gros. Il neige…

Étrange, ce verre de glace !

Une façon originale de rafraichir tes boissons quand il fait chaud. Mais attention, il ne faut pas trop tarder à boire son contenu…

Une station météo

La météorologie étudie les différents états de l'eau au cours de son cycle dans la nature. Certains appareils permettent de mesurer les précipitations à l'état liquide ou solide. Ce sont les pluviomètres. D'autres, les hygromètres, nous renseignent sur la quantité d'eau, à l'état gazeux, dans l'air qui nous entoure.

Station météo contenant différents appareils de mesure

▲ **Un hygromètre**

Cet appareil permet de mesurer l'humidité relative, c'est-à-dire la quantité d'eau à l'état gazeux (vapeur) présente dans l'air.
Il est gradué en pourcentage : les 73 % d'humidité relative indiqués par celui-ci correspondent à un air plutôt humide.

TECHNOLOGIE

▶ **Un pluviomètre**

C'est un instrument météorologique qui est utilisé pour mesurer la quantité de précipitations (pluie, neige...) tombées dans un temps donné, par exemple : 1 mm par heure. Tu peux en fabriquer un simplement avec une bouteille d'eau. Cherche comment faire sur Internet.

▶ **Une mini-station météo naturelle**

Les pommes de certaines espèces de pins donnent des indications sur la quantité de vapeur d'eau contenue dans l'air. Elles s'ouvrent lorsque l'air est sec et se ferment lorsqu'il est plus humide.

Je me demande

7 D'où vient l'eau de la pluie ? Où va-t-elle ?

b Pluie

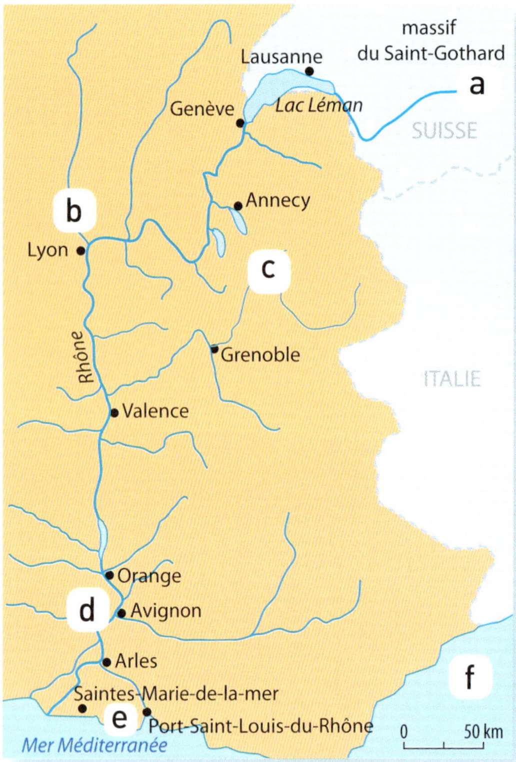

a Glacier en Suisse

c Neige

f Mer Méditerranée

d Inondation

e Embouchure d'un bras du Rhône

On en discute

A Ces photos ont été prises le long du Rhône, depuis sa source en Suisse jusqu'à son embouchure dans la mer Méditerranée.
Indique, pour chaque photo, le ou les états physiques de l'eau qui y figurent.

B Décris sous la forme d'un schéma ou d'un texte un parcours que l'eau peut suivre, avant de tomber sous forme de pluie. Pour chaque étape, précise quel est son état physique et quel changement d'état elle subit. Quel nom lui donne-t-on dans chaque cas ?

C Y a-t-il un début à ce parcours ? Pourquoi ?

Je cherche des réponses

ÉTAPE 1 D'où vient l'eau de la pluie ?

NÉCESSITE LA PRÉSENCE D'UN ADULTE

Matériel
- un aquarium en verre ou en plastique
- des graviers ou de la terre
- de l'eau
- du film étirable
- des glaçons
- une lampe de bureau

1 Réalise cette maquette et observe son fonctionnement lorsque la lampe est allumée.

→ **Explique-le dans ton classeur de sciences, à l'aide d'un texte ou d'un schéma. Précise quels changements d'état de l'eau tu observes à l'intérieur de l'aquarium.**

■ Explique pourquoi de la « pluie » tombe dans l'aquarium. D'où vient l'eau qui la compose ? Que devient-elle ensuite ?

■ Explique pourquoi une lampe est nécessaire pour faire fonctionner la maquette. Que représente-t-elle ?

■ Dans la nature, y a-t-il un début ? Y a-t-il une fin ?

ÉTAPE 2 Où va l'eau qui tombe sur le sol ?

NÉCESSITE LA PRÉSENCE D'UN ADULTE

2 Utilise quatre bouteilles avec des bouchons percés par un adulte pour réaliser le montage ci-contre. Chaque matière représente un type de sol.

■ Verse ensuite la même quantité d'eau dans chaque bouteille. Qu'observes-tu ?

■ Représente cette expérience et son résultat dans ton classeur de sciences.

→ **Qu'en déduis-tu ?**

3 Rédige un texte qui répond à la question de cette étape. Utilise les mots : perméable, imperméable, infiltration, nappe phréatique (= eau souterraine), ruissèlement.
Si tu ne connais pas ces mots, cherche leur signification dans un dictionnaire.

Le magazine d'Archimède
Quelle planète appelle-t-on la Planète Bleue ?
À lire page 29.

J'ai compris

LE CYCLE NATUREL DE L'EAU

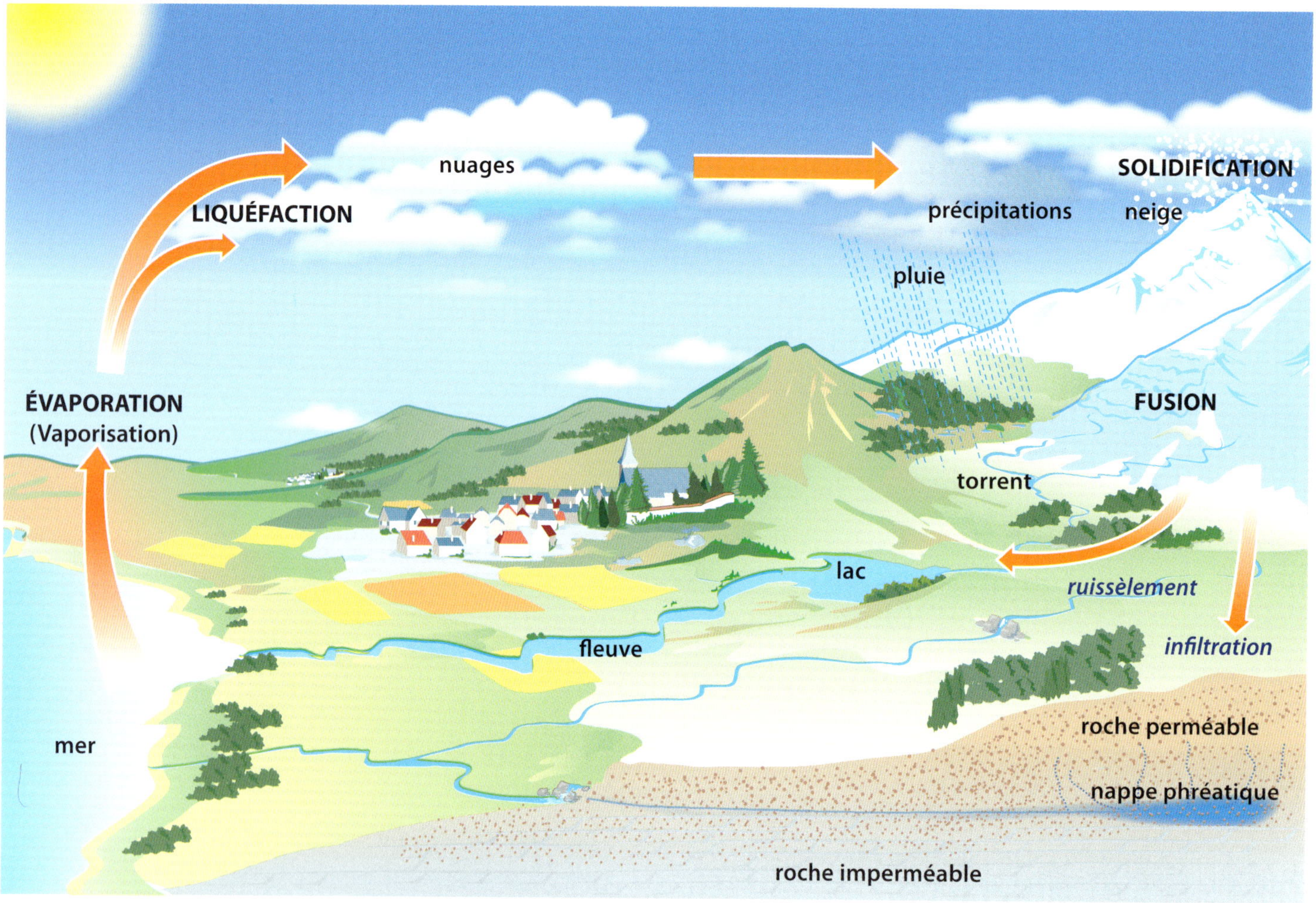

Je retiens

7 Au cours de son cycle, l'**eau** (mers, lacs, rivières...) **s'évapore** grâce au soleil et se transforme en **nuages** lorsqu'elle rencontre les couches d'air froid de l'atmosphère. Ces nuages se déplacent et, selon la température, l'eau qui les constitue **retombe sous forme de pluie ou de neige** sur le sol.

Dans les **sols perméables**, l'eau **s'infiltre** et rejoint les nappes phréatiques.

Sur les **sols imperméables**, l'eau **ruissèle** et forme **les cours d'eau de surface** qui se jettent dans la mer. Et le cycle peut recommencer à l'infini...

VOCABULAIRE

Cours d'eau : endroit naturel (rivière, fleuve) ou artificiel (canal) où l'eau s'écoule.

Cycle de l'eau : parcours continu de l'eau dans la nature. Au cours de ce parcours, l'eau peut passer par les 3 états : liquide, gazeux et solide.

Imperméable : qui ne se laisse pas traverser par l'eau ou d'autres matières.

Infiltration : écoulement lent de l'eau à travers un sol.

Nappe phréatique : poche d'eau souterraine.

Perméable : qui se laisse traverser ou pénétrer par l'eau ou par d'autres matières.

Précipitations : chutes d'eau sous forme de pluie, de neige ou de grêle.

Ruissèlement : écoulement d'un liquide sur un sol.

À moi de jouer !

1 Les déséquilibres du cycle de l'eau

En t'aidant de ce que tu as appris sur le cycle de l'eau dans la nature, formule des hypothèses sur les raisons qui peuvent provoquer de telles inondations.

Inondation en Asie

2 Quiz

1. La quantité d'eau qui circule sur Terre est :
a) en augmentation.
b) stable.
c) en diminution.

2. On trouve l'eau sur Terre à l'état :
a) liquide uniquement.
b) liquide ou solide.
c) liquide, solide et gazeux.

3. Le « moteur » du cycle de l'eau est :
a) l'orage. b) le Soleil. c) la Lune.

4. Un flocon de neige, c'est de l'eau à l'état solide :
a) vrai. b) faux.

5. L'eau peut tomber des nuages sous forme de pluie ou de neige :
a) vrai. b) faux.

6. Une partie de l'eau s'infiltre dans la terre :
a) vrai. b) faux.

7. Le cycle de l'eau se produit :
a) en permanence.
b) en été seulement.
c) tous les deux ans.

8. Un cycle est une boucle :
a) vrai. b) faux.

DÉFI Dans quel état tu l'as mis ?

Matériel : un glaçon, et ce que tu proposeras

Organisation : individuel ou en groupe

Prends un glaçon. Imagine des expériences qui permettraient de le faire passer par les deux autres états de l'eau avant de le retransformer en glaçon. Nomme ces états et les changements d'état correspondants. Tu peux mettre en place ces expériences en classe ou chez toi avec l'aide d'un adulte.

Le magazine d'Archimède

Le rôle des forêts dans le cycle de l'eau

Près de 80 % des précipitations qui tombent sur une forêt retournent dans l'air, sous forme de vapeur. En effet, une grande partie de l'eau de pluie est retenue par l'importante surface du feuillage et finit par s'évaporer. Une autre partie tombe au sol et est captée par les racines des arbres, puis acheminée jusqu'aux feuilles d'où elle s'échappe et s'évapore : c'est le phénomène de transpiration. La dernière partie tombe également au sol, puis s'évapore, ruissèle, ou s'infiltre jusqu'à la nappe phréatique. L'évaporation et la transpiration forment ce qu'on appelle l'évapotranspiration.

Forêt d'Amérique centrale

Pourquoi les nuages ne tombent-ils pas ?

C'est une question que tu t'es peut-être déjà posée. Pourquoi les nuages, constitués d'eau liquide en suspension, ne tombent-ils pas ? Bien qu'un nuage semble très léger, il pèse parfois plusieurs centaines, voire plusieurs milliers de tonnes. Il est beaucoup plus lourd qu'un avion ! Alors, pourquoi ne nous tombe-t-il pas sur la tête ? Tout simplement parce que les gouttes d'eau (ou les cristaux de glace s'il fait plus froid) qui le constituent sont si petites qu'elles tombent très lentement : elles sont freinées par l'air comme une feuille de papier qui tombe, et le vent les fait remonter. Par contre, si ces gouttes grossissent, elles finissent par tomber : c'est la pluie.

Pourquoi appelle-t-on la Terre la Planète Bleue ?

La Terre, vue de l'espace, apparait bleue. Cette couleur est en partie due au fait qu'elle est recouverte par de l'eau sur environ 70 % de sa surface.
97 % de cette eau est salée : ce sont les mers et océans. Les 3 % restants sont constitués d'eau douce (non salée) que l'on trouve dans les lacs, les rivières, les nappes phréatiques, les glaciers, et dans la vapeur de l'air.

La Terre vue de l'espace

De l'eau sur les autres planètes ?

Au début de leur existence, toutes les planètes du système solaire ont possédé de l'eau. Ensuite, et en fonction de leur taille et de leur distance au Soleil, la situation de chacune a évolué différemment.
Mercure et Vénus, les planètes les plus proches du Soleil, ont vu leur eau se transformer progressivement en vapeur et s'échapper. Ce sont aujourd'hui des planètes relativement sèches.
Mars, plus éloignée du Soleil que la Terre, conserve une calotte glaciaire à l'un de ses pôles et les traces d'une importante circulation d'eau liquide dans le passé sur son sol (voir photo ci-contre).
Enfin, Jupiter, Saturne, Uranus et Neptune, qui sont des planètes dites gazeuses, contiennent dans leurs profondeurs de la vapeur d'eau et des cristaux de glace.

La surface de la planète Mars

8 D'où vient l'eau que nous consommons ?

1

2

3

On en discute

A Boirais-tu l'eau de la photo 1 ? Pour quelles raisons ?

B Peut-on boire sans risque celle qui coule à la fontaine de la photo 2 ? Pourquoi ? D'où peut provenir cette eau ?

C Pourquoi boirais-tu plus volontiers l'eau de la photo 3 ?

Je cherche des réponses

ÉTAPE 1 Comment rend-on potable l'eau qui coule du robinet ?

1 L'eau qui coule du robinet est captée dans des rivières ou des nappes phréatiques souterraines. Mais pour qu'elle devienne potable, c'est-à-dire qu'elle puisse être bue sans risques pour la santé, elle doit subir différents traitements avant d'être distribuée.

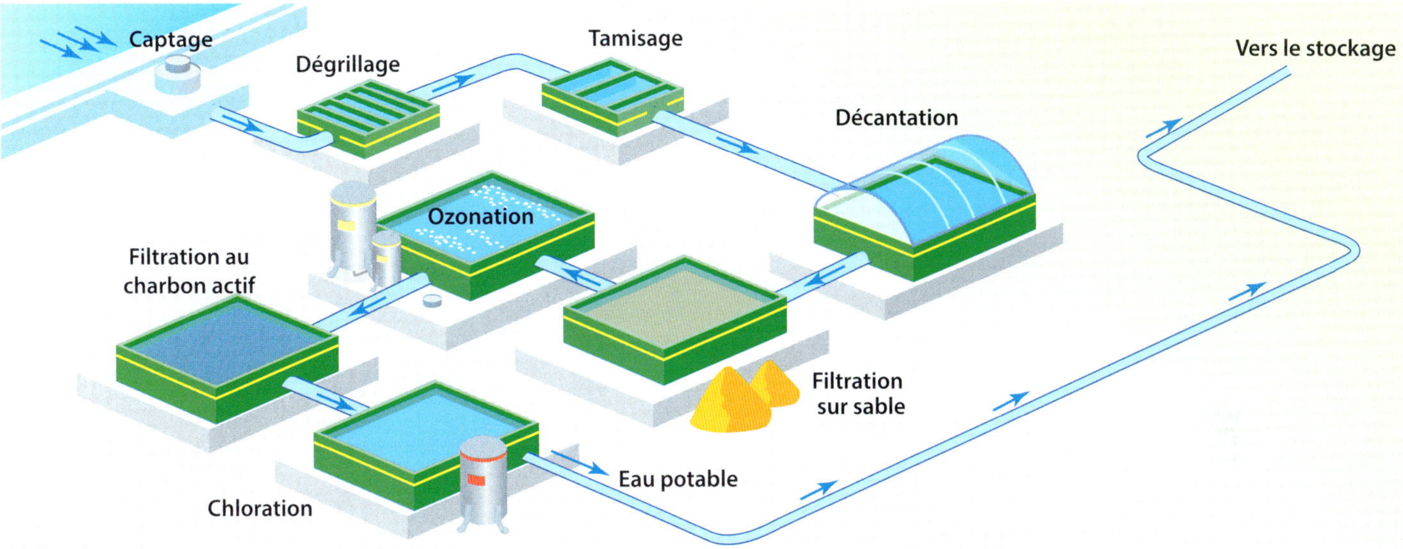

Usine de traitement

■ Observe le dessin de l'usine de traitement. Combien d'étapes sont-elles nécessaires pour que l'eau devienne potable ?

■ Recopie le nom de ces étapes dans ton classeur de sciences.

→ **Propose une explication du rôle de chacune d'elles. Vérifie ensuite dans un dictionnaire ou sur Internet.**

ÉTAPE 2 Que devient l'eau après l'usine de traitement ?

2 Observe le dessin ci-contre.
Connais-tu le nom de l'édifice qui sert de réservoir ici ? Quel est son rôle ?

■ Où va l'eau ensuite ?

La distribution de l'eau

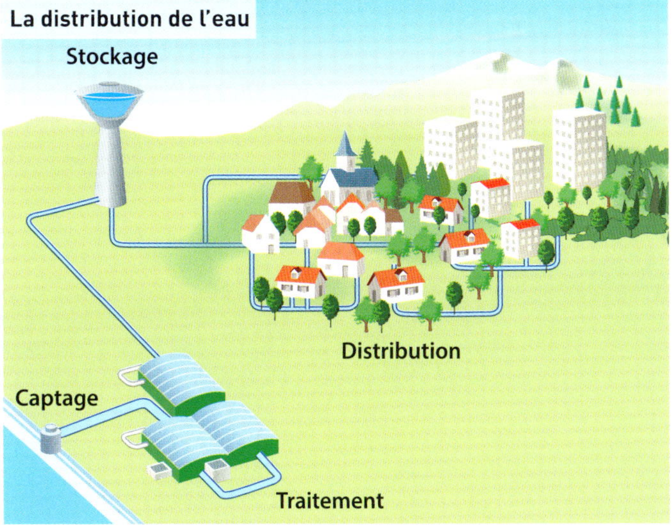

BILAN Écris un texte qui décrit le trajet de l'eau depuis son captage jusqu'aux robinets des maisons. Tu dois utiliser les mots : réservoir, canalisations, captage, eau potable, usine de traitement, eau non potable, habitations.

Le magazine d'Archimède

Sais-tu que certains animaux nous renseignent sur la pollution de l'eau ? À lire pages 36 et 37.

9 Comment préserver nos ressources en eau potable ?

On en discute

A Observe ce dessin de l'intérieur d'un immeuble et cherche les activités où nous rejetons de l'eau après l'avoir utilisée. Fais-en la liste dans ton classeur. Tu peux compléter cette liste avec d'autres activités de la vie courante.

B Parmi ces activités, quelles sont celles qui polluent l'eau ?

C Connais-tu d'autres activités humaines, à l'extérieur de la maison, qui polluent l'eau ? Cite-les.

D Que devient cette eau polluée par nos activités ?

Je cherche des réponses

ÉTAPE 1 Quels traitements subit l'eau sale que nous rejetons ?

1 Observe le dessin suivant. D'où vient l'eau sale ?

■ Ce lieu s'appelle une station d'épuration. Essaie de donner une définition à cette expression. Puis vérifie dans un livre ou sur Internet.

■ Combien d'étapes sont nécessaires pour « nettoyer » l'eau dans cette station ?

→ **Réalise un schéma des étapes dans ton classeur de sciences en notant bien leur nom et leur rôle.**

FICHE MÉTHODE N° 4 : LE SCHÉMA.

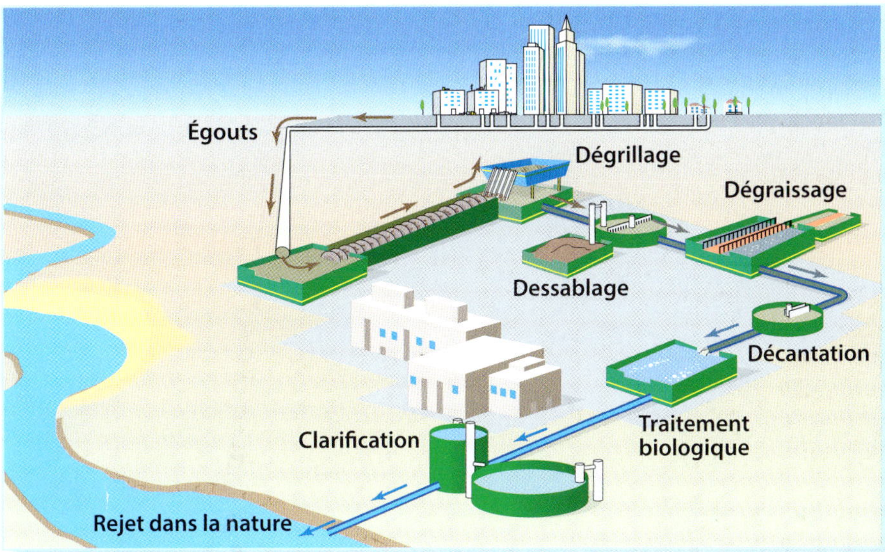

Dégrillage : les plus gros déchets sont retenus par une grille.

Dessablage : le sable tombe au fond du bassin.

Dégraissage : les graisses qui flottent sont éliminées.

Décantation : les particules solides tombent au fond du bassin.

Traitement biologique : des bactéries nettoient l'eau.

Clarification : les plus petits résidus tombent au fond du bassin.

Station d'épuration

ÉTAPE 2 Que se passe-t-il au cours de chaque étape du traitement de l'eau sale ?

2 Imagine quelques dispositifs reproduisant chacun le principe d'une étape du traitement de l'eau sale.

■ Décris-les dans ton classeur.

■ Vérifie ensuite que ces dispositifs fonctionnent en les réalisant (dans l'ordre des étapes de la station). Note ce que tu observes.

Attention : tout comme l'eau qui sort d'une station d'épuration, l'eau que tu as traitée n'est pas potable.

3 Propose une définition des mots suivants : trouble, limpide, pure.

ÉTAPE 3 Comment peux-tu participer à la préservation de l'eau potable ?

4 Cite des comportements qui permettent d'économiser l'eau domestique (de la maison). Tu peux t'aider de l'illustration de la page de gauche.

Le magazine d'Archimède
Pourquoi faut-il absolument préserver la qualité de l'eau ? À lire page 36.

J'ai compris

LE TRAJET DE L'EAU DOMESTIQUE

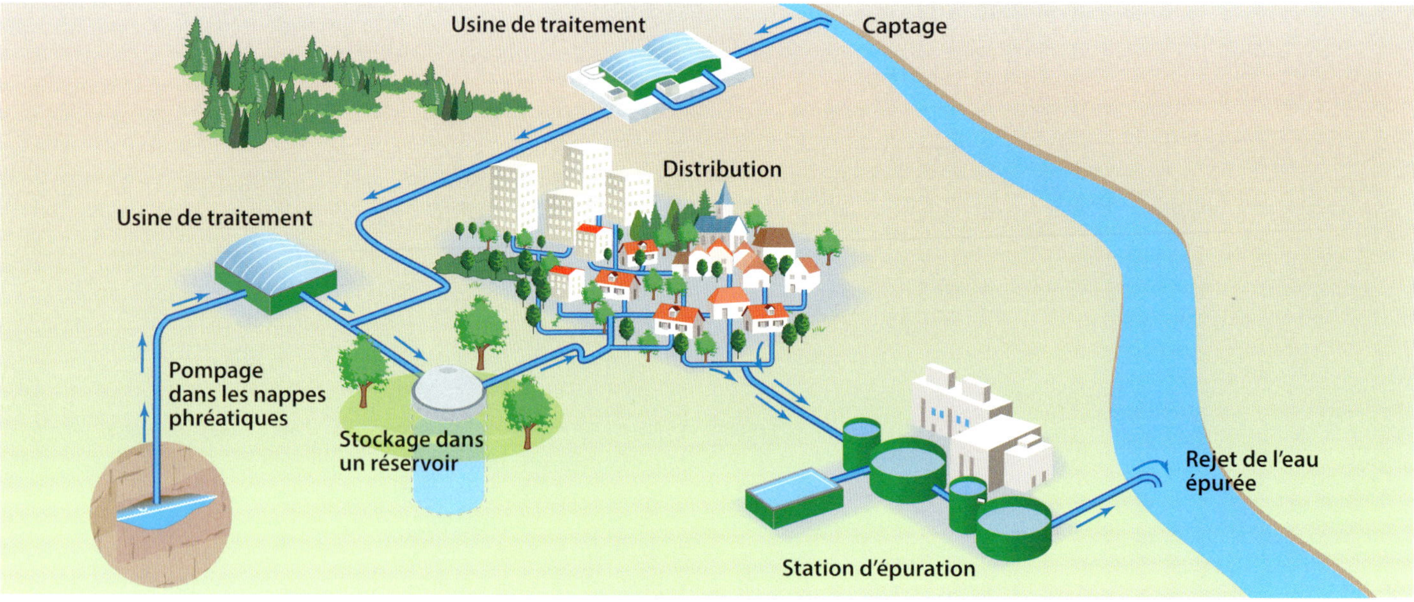

• **Quelques gestes simples pour économiser l'eau potable**

Arrêter l'écoulement de l'eau quand on se brosse les dents et quand on se savonne.

Préférer les douches, qui consomment cinq fois moins d'eau qu'un bain.

Ne pas jeter les produits toxiques ou les aliments dans les éviers ou dans les toilettes.

Je retiens

8 L'eau que nous utilisons est captée dans les rivières ou dans les nappes phréatiques. Pour que nous puissions la boire, elle doit être nettoyée. Cela se fait en plusieurs étapes dans une **usine de traitement** qui la rend **potable**. Elle est ensuite stockée dans un **réservoir** avant d'arriver dans nos habitations par des **canalisations**.

9 Nous salissons et, parfois, nous polluons les eaux que nous utilisons. Ces eaux usées que nous rejetons doivent être à leur tour nettoyées dans une **station d'épuration** avant d'être rejetées dans la nature.

L'eau potable n'est pas inépuisable, il faut l'**économiser**.

VOCABULAIRE

Canalisations : tuyauteries utilisées pour le transport de l'eau.

Domestique : qui concerne le domicile (la maison).

Eaux usées : eaux salies par une utilisation domestique.

Limpide : qui est transparent, clair.

Potable : qui peut être bu sans danger pour la santé.

Pur : qui n'est pas mélangé à autre chose.

Réseau d'eau : ensemble de canalisations permettant le transport de l'eau.

Station d'épuration : usine qui nettoie et purifie partiellement les eaux usées.

À moi de jouer !

1 Les étapes du trajet de l'eau domestique

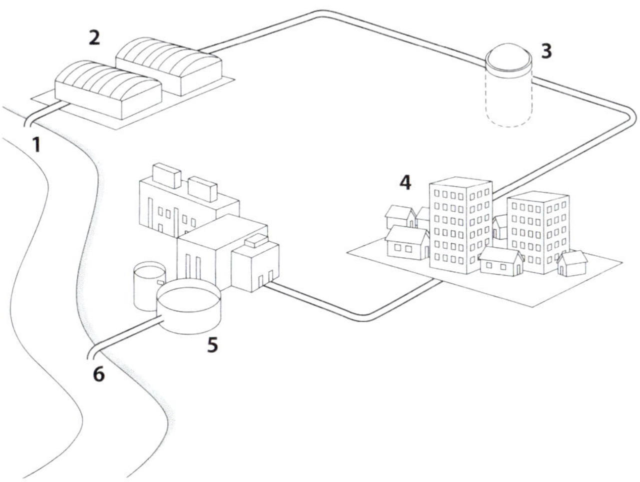

a. Donne un nom à chaque étape du trajet de l'eau domestique.

b. Sur une feuille, réalise un schéma de ce trajet. Trace 6 cadres numérotés représentant chacun une étape et relie-les par des traits figurant les canalisations :
- bleus lorsque les canalisations transportent de l'eau potable ;
- marron lorsqu'elles transportent des eaux non potables.

[1]—[2]

c. À quelle étape les eaux usées sont-elles traitées avant d'être rejetées ?

d. Dans quel sens coule la rivière ? Qu'est-ce qui te permet de l'affirmer ?

2 Une affiche de prévention

Décris et commente cette affiche en t'appuyant sur ce que tu as appris dans ce chapitre.

3 Les mots des sciences dans la vie de tous les jours

De l'eau limpide est-elle toujours potable ? Justifie ta réponse.

DÉFI D'où vient l'eau de ton école ?

Organisation : individuel ou en groupe

Enquête dans ta commune pour savoir comment l'eau arrive au robinet de ton école.
- Où est-elle captée ? Quel parcours effectue-t-elle ? Où se situe le réservoir ?
- Dans quelle station d'épuration est-elle traitée ?
- Où est-elle rejetée ?

Tu peux aller poser ces questions à la mairie de ta commune.

Le magazine d'Archimède

http://www.un.org/apps/newsFr/storyF.asp?NewsID=21515&Cr=eau&Cr1=

22 mars 2010 – À l'occasion de la **Journée mondiale de l'eau**, le Secrétaire général des Nations Unies, **Ban Ki-moon**, a rappelé que l'eau souillée faisait plus de victimes dans le monde que toutes les formes de violence, y compris la guerre.

« Nos besoins en eau pour l'alimentation, les matières premières et l'énergie entrent de plus en plus en concurrence avec les besoins naturels en eau propre pour maintenir les écosystèmes menacés et nous procurer ce dont nous dépendons », a-t-il souligné.

« Jour après jour, nous versons des millions de tonnes d'eaux usées et de déchets industriels et agricoles dans les systèmes d'eau de la planète. L'eau propre est devenue rare et le deviendra encore plus avec les changements climatiques », a ajouté le Secrétaire général.

Source : Service d'Information des Nations Unies

Qu'est-ce qu'un bio-indicateur ?

Certains animaux ou végétaux sont sensibles à la qualité de l'eau dans laquelle ils vivent. Leur présence, ou au contraire leur absence, donne des informations sur la pollution du milieu aquatique étudié. Par exemple, cette larve d'éphémère ne vit que dans les eaux de bonne qualité. Si une rivière est trop polluée, on ne l'y trouvera pas.

Des poissons garants de la qualité de l'eau à Marseille !

La société des eaux de la ville de Marseille utilise des poissons comme bio-indicateurs de la qualité de l'eau qu'elle distribue. En effet, la manière dont ils se déplacent dépend de la qualité de l'eau dans laquelle ils se trouvent. Leur aquarium est donc alimenté par de l'eau sortant de l'usine de traitement, et des capteurs analysent en permanence leurs déplacements : la moindre modification signifie que la qualité de l'eau est dégradée. L'alerte est alors donnée. Ce dispositif écologique a été mis au point il y a plus de 20 ans et est aujourd'hui commercialisé dans le monde entier.

Un métier étonnant : gouteur d'eau !

Avant de couler à notre robinet, l'eau subit de multiples analyses scientifiques pour garantir sa parfaite potabilité. Mais lorsque nous la buvons, c'est surtout son gout que nous ressentons. Et en matière de gout, aucune analyse scientifique ne peut rivaliser avec le palais humain. C'est pourquoi, chaque matin, des personnes dont c'est la profession goutent l'eau et analysent ses saveurs. Leur objectif est de s'assurer que l'eau n'a pas un gout désagréable comme celui du moisi, du sel ou du chlore (produit utilisé pour le traitement de l'eau).

Près de 2 500 km d'égouts sous Paris...

Les égouts de la ville de Paris s'étendent sur une longueur de 2 484 km, soit approximativement la distance qui sépare notre capitale de celle de la Turquie, Ankara. Ils sont formés de l'ensemble des conduits souterrains qui collectent et évacuent les eaux de ruissèlement (principalement la pluie) ainsi que les eaux usées.
Et si un jour tu veux les visiter, il existe un musée des égouts de Paris où une présentation d'une partie du réseau est proposée. Près de 90 000 curieux effectuent cette visite chaque année.

10 Est-ce que toutes les matières se mélangent bien à l'eau ?

a. Jus de kiwi
b. Cocktail
c. Menthe à l'eau
d. Eau minérale
e. Eau gazeuse

On en discute

A Pour les scientifiques, toutes ces boissons sont des mélanges. Donne ta définition du mot mélange.

B Comment expliques-tu que les scientifiques considèrent que l'eau gazeuse et l'eau minérale sont des mélanges ?

C Quels sont les différents constituants qui entrent dans la composition de chaque boisson ?

D Classe ces boissons en deux groupes :
- les boissons pour lesquelles on ne peut pas distinguer à l'œil nu les constituants ;
- celles pour lesquelles on peut distinguer plusieurs constituants.

Je cherche des réponses

ÉTAPE 1 Les liquides se mélangent-ils tous bien à l'eau ?

1 Rassemble le matériel de la photo ci-contre.

■ À ton avis, que va-t-il se passer si tu ajoutes dans chaque verre une cuillerée du liquide correspondant et que tu agites ? Note tes hypothèses dans ton classeur de sciences.

2 Réalise ces mélanges. Fais un schéma de chacun et décris ce qui se passe.

➔ **Ces liquides se mélangent-ils tous bien à l'eau ? À quoi le vois-tu ? Compare avec tes hypothèses.**

3 Ne touche plus à ces mélanges pendant quelques minutes, puis fais de nouveaux schémas.

■ Que sont devenus les liquides que tu as mélangés à l'eau ?

➔ **Quels sont les mélanges homogènes, c'est-à-dire ceux dont on ne distingue plus les constituants ?**

➔ **Quels sont les mélanges hétérogènes, c'est-à-dire ceux dont on distingue les constituants ?**

ÉTAPE 2 Les solides se mélangent-ils tous bien à l'eau ?

4 Prends maintenant 4 autres verres d'eau et recommence avec les solides suivants : sel fin, farine, café soluble, sable propre.

■ Procède de la même manière que dans l'étape 1 (1, 2 et 3).

■ Dans quels mélanges vois-tu des éléments en suspension ?

➔ **Quels sont les mélanges homogènes ? Quels sont les mélanges hétérogènes ?**

ÉTAPE 3 Le sel disparait-il lorsqu'on le mélange à l'eau ?

5 Sur une balance précise, pèse 50 g de sel fin et 300 g d'eau. Puis mélange-les bien pour dissoudre le sel.

■ À ton avis, quelle est la masse totale de cette solution ? Note ton hypothèse dans ton classeur de sciences.

■ Pèse la solution obtenue. Quel résultat obtiens-tu ?

➔ **Comment l'interprètes-tu ?**

Pesée du sel

Pesée de l'eau

Le magazine d'Archimède

Quel phénomène étrange se produit quand on se baigne dans une eau très salée ?

À lire page 44.

11 Comment séparer ce qui est mélangé à l'eau ?

On en discute

A En t'aidant des informations que te donnent ces documents, propose une explication du processus de production du sel de mer à Guérande.

B Le fonctionnement d'un marais salant correspond à une des étapes du cycle naturel de l'eau : laquelle ?

C À quelle saison récolte-t-on le sel de mer ? Pourquoi ?

Je cherche des réponses

ÉTAPE 1 Peut-on dissoudre autant de sel que l'on veut dans un verre d'eau ?

1 À ton avis, combien de cuillerées à soupe de sel pourras-tu dissoudre dans 30 cL d'eau ? Note ton hypothèse dans ton classeur.

■ Prends 10 cuillerées à soupe de sel fin. Ajoute-les une par une en mélangeant bien après chacune.

→ **Décris ce que tu observes au bout d'un moment. Comment expliques-tu ce phénomène ?**

ÉTAPE 2 Comment récupère-t-on le sel de mer ?

2 En t'aidant de ce que tu as appris sur les mélanges (pages 38 et 39) et dans l'étape 1 ci-dessus, imagine une expérience qui te permettra de récupérer du sel à partir d'eau salée, comme dans les marais salants.

■ Rédige un protocole expérimental dans ton classeur de sciences.

■ Mets en place l'expérience que tu as imaginée.

→ **Qu'observes-tu ? Que peux-tu en conclure ?**

La récolte du sel dans les marais salants

ÉTAPE 3 Existe-t-il d'autres méthodes pour séparer ce qui est mélangé à l'eau ?

3 Dans ton classeur, propose maintenant des dispositifs pour séparer :
- de l'eau et du sable ;
- de l'eau et du sel mais en récupérant l'eau, cette fois ;
- de l'eau et de l'huile...

■ Par groupes, testez vos dispositifs.
Fais un compte rendu des expériences dans ton classeur.
FICHE MÉTHODE N° 2 : LE COMPTE RENDU D'EXPÉRIENCE.

■ Connais-tu le nom des techniques que tes camarades et toi avez utilisées ?

Le magazine d'Archimède
Quelle est la forme des cristaux de sel après l'évaporation de l'eau ?
À lire page 44.

J'ai compris

LES MÉLANGES

- **Il existe deux types de mélanges différents :**

les mélanges homogènes et les mélanges hétérogènes

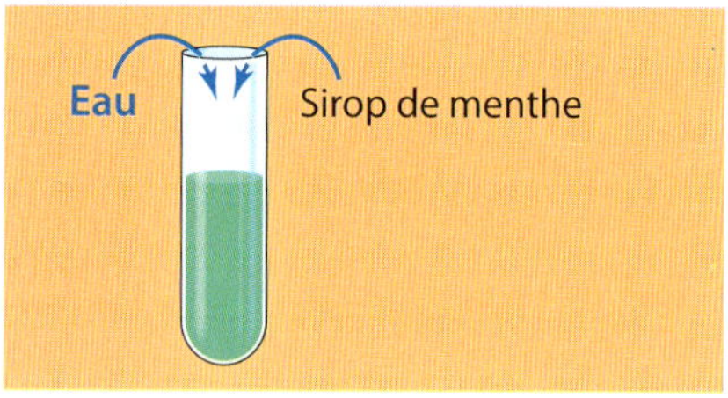

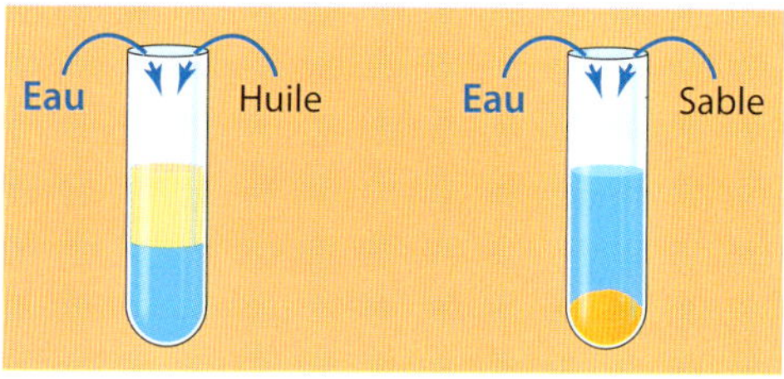

- **Pour séparer les constituants d'un mélange hétérogène, on effectue :**

une filtration ou une décantation

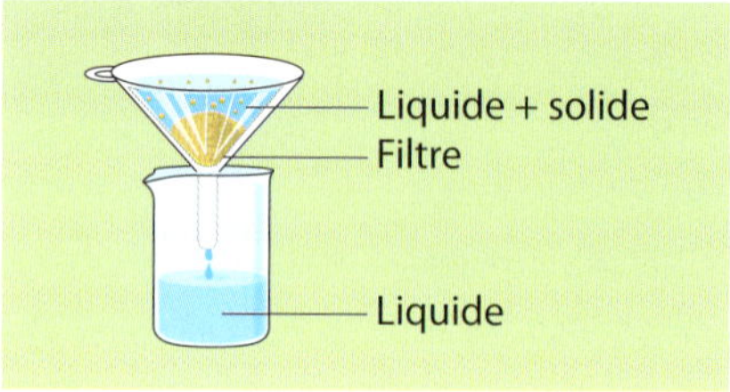

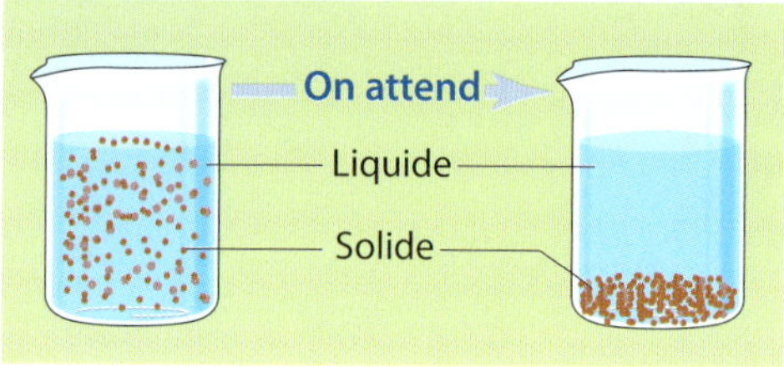

- **Pour séparer les constituants d'un mélange homogène, on effectue :**

une vaporisation ou une distillation

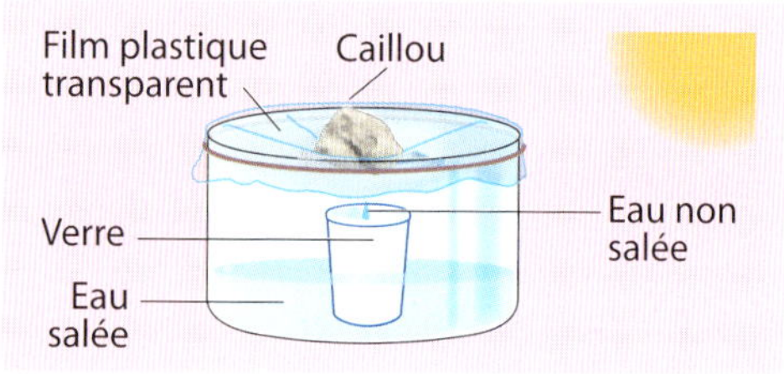

Je retiens

10 Un **mélange** est la réunion de **plusieurs constituants**. Si, après avoir laissé le mélange au repos, on distingue plusieurs de ses constituants, on dit que le mélange est **hétérogène**. Si on ne peut pas les distinguer, on dit que le mélange est **homogène**. La masse totale d'une solution est égale à la somme de la masse de chaque constituant.

11 Au-delà d'une certaine quantité, le constituant que l'on ajoute ne peut plus se mélanger à l'eau : on dit que la solution est **saturée**.

On peut séparer les constituants d'un mélange hétérogène par **filtration** ou **décantation**.

On peut séparer les constituants d'un mélange homogène par **vaporisation** ou par **distillation**.

VOCABULAIRE

Décantation : dépôt progressif des éléments solides en suspension dans un mélange hétérogène sur le fond du récipient.

Distillation : séparation des constituants d'un mélange homogène par vaporisation puis liquéfaction du liquide qui le compose.

Filtration : séparation des éléments solides d'un mélange hétérogène par passage à travers un filtre.

Saturation : état d'une solution qui contient la plus grande quantité possible de substance dissoute à une température donnée.

Soluble : se dit d'un solide qui peut se dissoudre dans une autre matière.

Suspension : petits éléments solides dispersés dans un liquide (exemple : de la farine dans de l'eau).

À moi de jouer !

1 Vrai ou faux ?

a. On peut distinguer les constituants d'un mélange homogène.

b. L'eau gazeuse est un mélange hétérogène.

c. Une solution est un mélange homogène.

d. On peut séparer le sel de l'eau de mer par filtration.

e. Une solution constituée de 20 g de sel dans 200 g d'eau pèse 220 g.

f. On peut dissoudre autant de sel que l'on veut dans un verre d'eau.

g. On peut faire une solution en mélangeant de l'huile et de l'eau.

2 Les mots des sciences dans la vie de tous les jours

Fais-tu une différence entre eau limpide et eau pure ? Si oui, laquelle ?

3 Fabriquer de la pâte à sel

Dans une recette de pâte à sel, il est indiqué qu'il faut mélanger 100 g de sel fin, 100 g d'eau tiède et 200 g de farine. Quelle masse de pâte à sel va-t-on obtenir ? Justifie ta réponse.

4 Distinguer l'eau et l'eau salée

Tu as devant toi deux flacons contenant chacun 1 L d'eau limpide. Mais l'un d'eux contient 50 g de sel dissout.
Comment procèdes-tu pour les distinguer ?
Cite plusieurs moyens d'y parvenir.

5 Dessaler l'eau de mer

Tu es sur un bateau au milieu de l'océan et tu n'as plus d'eau à boire. Comment t'y prends-tu pour produire de l'eau non salée ? Explique.

DÉFI Du gros sel à travers un filtre à café ?

Matériel :
Un filtre à café, deux cuillerées à soupe de gros sel et ce que tu proposeras

Organisation :
Individuel ou par groupe

- Trouve un moyen pour faire passer deux cuillerées à soupe de gros sel à travers un filtre en papier sans le déchirer. Tu dois récupérer le sel à la fin de l'expérience.
- Réfléchis bien et établis un protocole dans ton classeur avant d'essayer.

Le magazine d'Archimède

Mer Morte, Proche-Orient

De la magie ? Non, de la science...

Un tour de magie ? Non. Ici, aucun mouvement n'est nécessaire à ce jeune homme pour rester allongé à la surface de l'eau. C'est simplement la très importante quantité de sel contenue dans l'eau de ce lac, la mer Morte, qui le permet. Alors que les différentes mers du globe contiennent entre 20 et 40 g de sel par litre d'eau, ce lac en contient 275 g par litre ! Dans ces conditions, aucun poisson ne peut survivre, c'est de là que vient son nom.

Des pyramides de sel

Lorsque l'eau d'un mélange d'eau et de sel s'évapore lentement, des cristaux de sel apparaissent. Ils ont une forme de pyramide creuse. Cette cristallisation est appelée cristallisation en trémie.

Tu peux fabriquer des cristaux comme ceux-ci en préparant une solution saturée de sel que tu laisseras évaporer lentement à température ambiante. Ce résultat est assez long à obtenir mais il en vaut la peine...

Photo agrandie 5 fois environ

Un appareil à dissoudre du gaz dans les liquides...

Il existe des appareils qui permettent de produire soi-même son eau gazeuse ou son soda. Du gaz, le dioxyde de carbone, est injecté et dissout dans l'eau sous une forte pression. On peut dissoudre jusqu'à environ un litre de ce gaz par litre d'eau.

Ce n'est pas la mer à boire ? Et bien si !

Usine de dessalement en Espagne

Tu sais sans doute que plus de 70 % de la surface de notre planète est recouverte d'eau. Mais sais-tu que 97 % de cette eau est salée ? Il s'agit de l'eau des mers et des océans. Dans certaines régions du monde, l'eau douce (non salée) est tellement rare que les hommes puisent dans la mer de l'eau qu'ils dessalent ensuite. Dans des usines de dessalement, ils la transforment en eau potable.
Mais cette activité est très polluante : elle consomme beaucoup d'énergie et rejette d'énormes quantités de sel dans l'environnement.

Qu'est-ce qu'un marais salant ?

Dans les marais salants on produit le sel marin. Ils sont constitués d'une succession de bassins de faible profondeur où circule l'eau de mer qui y pénètre lors des marées. Puis, tout au long de ce parcours, l'eau s'évapore progressivement sous l'action du soleil et du vent. Elle devient de plus en plus salée et arrive enfin dans des bassins de récolte qu'on appelle des œillets. Là, entre les mois de juin et de septembre, il fait si chaud que l'eau s'évapore en grande quantité et le sel apparait, il cristallise. Les paludiers, ou sauniers, peuvent alors le récolter. Ce sel est presque essentiellement utilisé pour l'alimentation. En France, on trouve des marais salants sur les côtes atlantiques et méditerranéennes.

De l'eau pure… ou presque !

En faisant subir une ou plusieurs **distillations** à de l'eau du robinet, on obtient une eau plus pure que l'on appelle eau distillée. Ce procédé permet d'en retirer les sels minéraux et micro-organismes.

Mais une eau totalement pure n'existe pas. Il faudrait qu'elle ne contienne aucun élément dissout. Ce qui est impossible à réaliser, même en laboratoire…

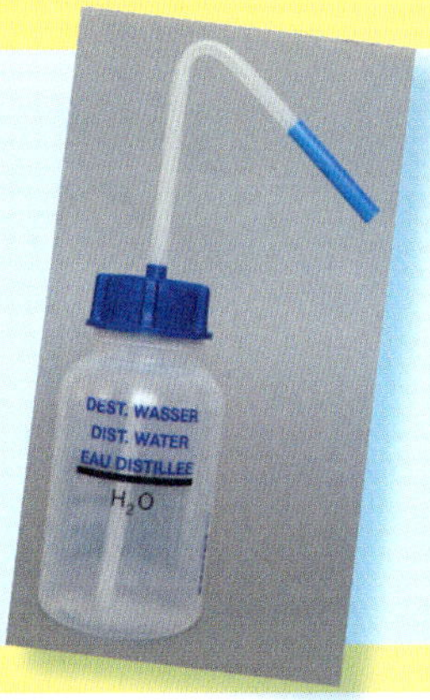

12 Est-ce que l'air est une matière ?

On en discute

A Pourquoi l'enfant ne peut-il pas écraser la bouteille sur la photo 1 ?
Pourquoi peut-il le faire sur la photo 2 ?
Que doit-il faire ensuite pour que la bouteille reste bien aplatie ?

B Observe la photo 3. Que se passera-t-il si l'on continue à verser du liquide dans cet entonnoir ? Quel est le rôle de la pâte à modeler dans le dispositif ?

C Pourquoi ce phénomène ne se produit-il pas lorsqu'on utilise un entonnoir sans pâte à modeler ?

D Quelles propriétés de l'air sont mises en évidence ici ?

Je cherche des réponses

ÉTAPE 1 Peut-on transvaser de l'air ?

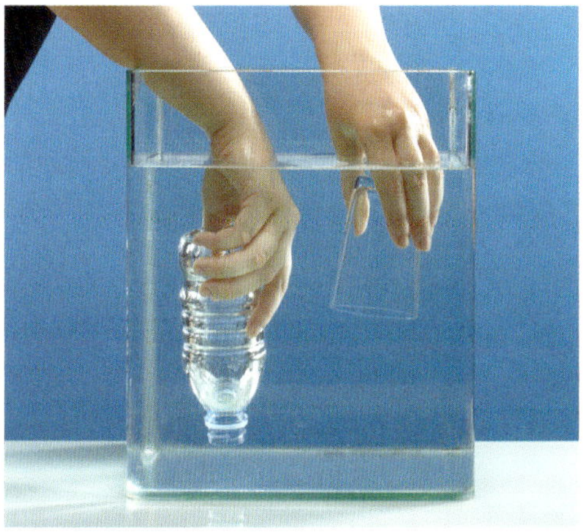

1 Plonge un verre sous l'eau, ouverture vers le haut, et laisse-le se remplir. Puis, sans le sortir, retourne-le pour que l'ouverture soit dirigée vers le bas.

Plonge ensuite une bouteille « vide » dans l'eau, goulot vers le bas, comme sur la photo. Puis, retourne-la : le goulot de la bouteille doit être positionné sous le verre.

- La bouteille est-elle réellement vide au début de l'expérience ?
- « Vois-tu » l'air ? Sous quelle forme ? Que fait-il ?

→ **Quelles propriétés de l'air cette expérience met-elle en évidence ?**

ÉTAPE 2 L'air occupe-t-il toujours le même volume ?

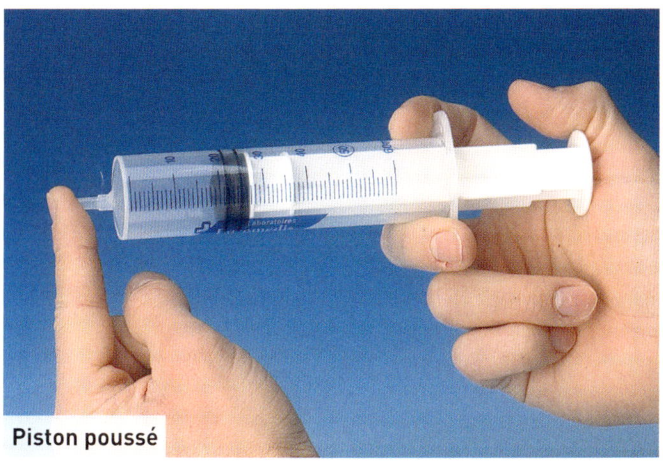
Piston poussé

2 Positionne le piston d'une seringue au milieu du tube, puis bouche l'ouverture avec un doigt.
Pousse ensuite le piston, comme sur la photo.
Que constates-tu dans le tube ?

- Recommence, mais, cette fois, tire le piston en maintenant le doigt sur l'ouverture.
Qu'arrive-t-il maintenant au contenu de la seringue ?

→ **Que peux-tu conclure de ces observations ?**

- Dans ces deux cas, que fait le piston quand tu le relâches ? Pourquoi ?

ÉTAPE 3 L'air est-il pesant ?

3 Mets en place puis observe le dispositif ci-contre.

- Explique le rôle des masses marquées.
- Ajoute de l'air dans le ballon et pose-le à nouveau au même endroit sur le plateau. Que se passe-t-il ?

→ **Que démontre cette expérience ? Note toutes tes réponses dans ton classeur de sciences.**

- Comment peux-tu t'y prendre pour mesurer la différence observée ?

→ **À quoi cette différence correspond-elle ?**

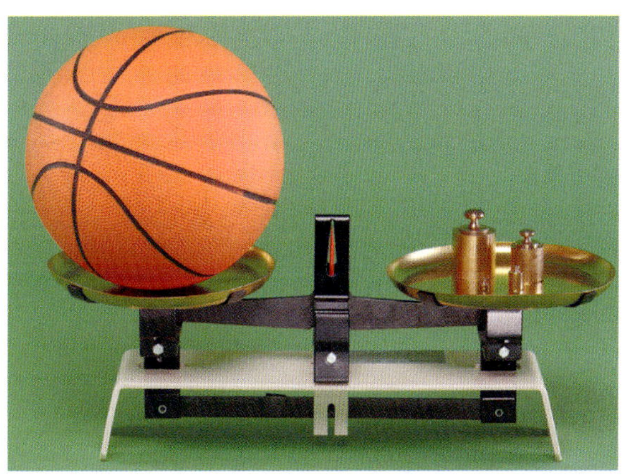

Le magazine d'**Archimède**

Quelle est la masse de l'air contenu dans une chambre ?
À lire page 54.

J'ai compris

QUELQUES PROPRIÉTÉS DE L'AIR

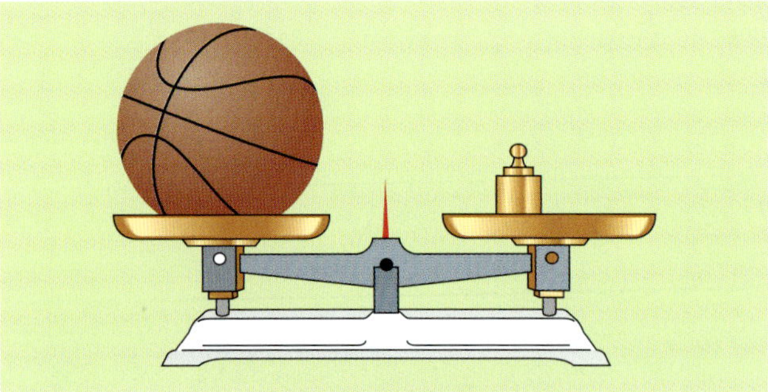

L'air a une masse, on dit qu'il est pesant.

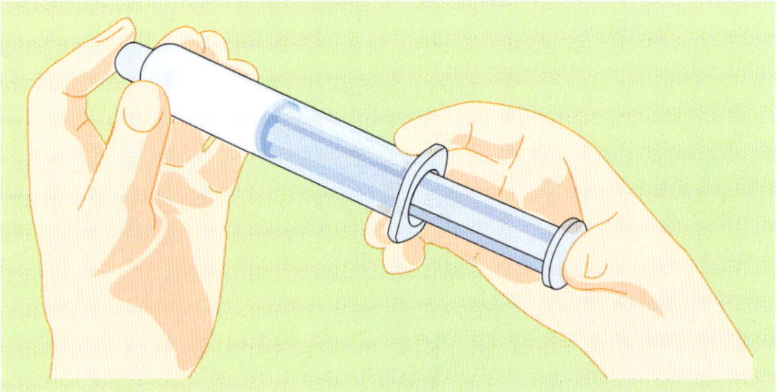

L'air peut se comprimer ou se dilater, il est élastique.

L'air peut être transvasé.

L'air prend la forme du récipient qui le contient et l'occupe entièrement.

L'air résiste et soutient.

Je retiens

12 Même s'il est invisible et inodore, l'**air** ce n'est pas rien :
- il a une **masse** (chaque litre d'air pèse environ 1,3 g) ;
- il peut se **comprimer** ou se **dilater** ;
- il peut être **transvasé** (comme les liquides) et **prend la forme** du récipient qui le contient.

L'air est un **gaz**. Toutes ces propriétés font de lui une **matière**, comme les solides et les liquides.

VOCABULAIRE

Compressible : dont on peut réduire le volume.

Expansible : dont on peut augmenter le volume, qui peut se dilater.

Gaz : état de la matière qui est presque toujours invisible. Un gaz est compressible et expansible. Il occupe tout le volume du récipient qui le contient.

Matière : ce qui constitue tout ce qui nous entoure.

Pesant : qui a une masse.

À moi de jouer !

1 Les mots des sciences dans la vie de tous les jours

Ces expressions de la vie courante sont-elles scientifiquement correctes ? Pourquoi ?

a) Mon verre est vide !

b) Je sors prendre l'air.

c) Il fait chaud et il n'y a pas un brin d'air.

2 Une fontaine originale

Observe cette fontaine et explique son fonctionnement.
Que se passerait-il s'il n'y avait pas de ballon ?

3 Prouve-le !

Un de tes camarades de classe n'est pas encore tout à fait convaincu que l'air est une matière.
Que lui dirais-tu pour le lui prouver ?

DÉFI De l'essuietout qui reste sec sous l'eau !

Matériel :
- un bac rempli d'eau
- une paille
- une passoire
- un verre (ou un gobelet)
- des feuilles d'essuietout

Organisation :
individuel ou par groupe

• Es-tu capable de plonger une feuille de papier essuietout sous la surface de l'eau et de la ressortir sans qu'elle soit mouillée ?
Tu peux t'aider du matériel mis à ta disposition mais tu n'es pas obligé de tout utiliser. Réfléchis bien avant de commencer.

• Explique comment tu parviens à relever ce défi et quel phénomène t'a permis de réussir.

13 L'air est-il toujours sain ?

1

2

3

4

5

6

On en discute

A Trace un tableau dans lequel tu préciseras pour chaque photo :
- le polluant de l'air représenté ;
- l'origine de ce polluant ;
- des solutions pour réduire sa quantité dans l'air, lorsque c'est possible.

B Dans ces exemples (photos 1 à 6), quelles pollutions ne sont pas dues à l'activité humaine ?

C Explique comment ces polluants peuvent dégrader la qualité de l'air.

Je cherche des réponses

ÉTAPE 1 Qu'est-ce que la pollution de l'air ?

1 Plusieurs gaz entrent dans la composition de l'air. Cite ceux que tu connais. Quel est celui qui est indispensable à la vie ?

■ Recherche maintenant dans une encyclopédie ou sur Internet quels sont exactement les gaz contenus dans l'air et en quelles proportions ils y sont présents (en %).

→ **En t'aidant de ces réponses et des documents de la page de gauche, propose ta propre définition de ce qu'est la pollution de l'air.**

ÉTAPE 2 Qu'est-ce qui pollue l'air dans nos maisons ?

2 En t'aidant du dessin ci-contre, cite les polluants de l'air qui peuvent être présents dans un salon.

■ Rends-toi sur le site :
www.prevention-maison.fr/pollution
Cherche les polluants pour les autres pièces de la maison. Quels sont ceux que tu peux retrouver dans ta classe ?

→ **Quelles peuvent être les conséquences de la présence de ces polluants dans l'air intérieur ?**

ÉTAPE 3 Comment la pollution de l'air peut-elle provoquer des changements climatiques ?

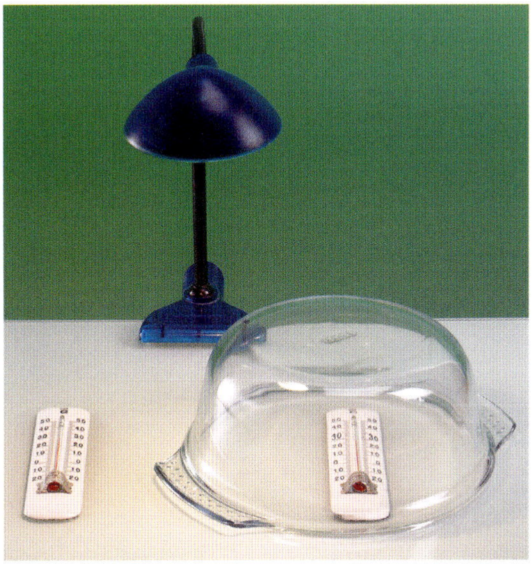

3 Place deux thermomètres au soleil ou sous une lampe. Recouvre l'un des deux d'un récipient en verre (saladier, aquarium...) ; ce récipient joue le même rôle que les polluants de l'air dits « à effet de serre ».

■ Relève et note dans un tableau la température indiquée par chaque thermomètre toutes les minutes pendant 10 minutes environ.

■ Qu'observes-tu ?

→ **Comment expliques-tu ce phénomène ? Pourquoi l'appelle-t-on effet de serre ?**

Le magazine d'Archimède
Sais-tu qu'il existe des pluies acides ? À lire page 55.

J'ai compris

LES POLLUTIONS DE L'AIR

La composition de l'air

Sur 100 particules de gaz qui composent l'air :
- 78 sont des particules **d'azote** ;
- 21 sont des particules **d'oxygène**. Le reste est constitué **de dioxyde de carbone et d'autres gaz rares**.

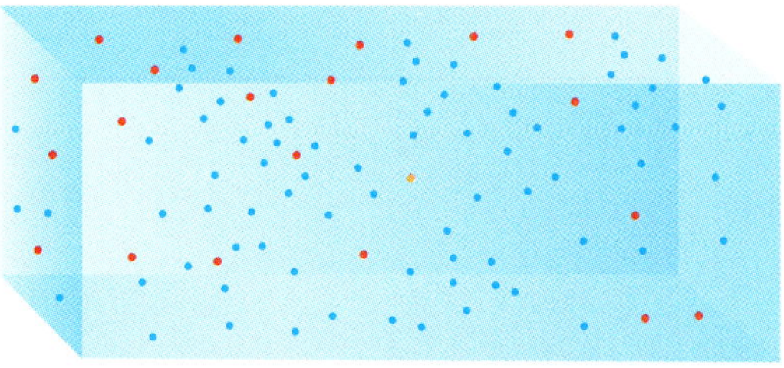

• azote • oxygène • dioxyde de carbone et autres gaz rares

L'effet de serre

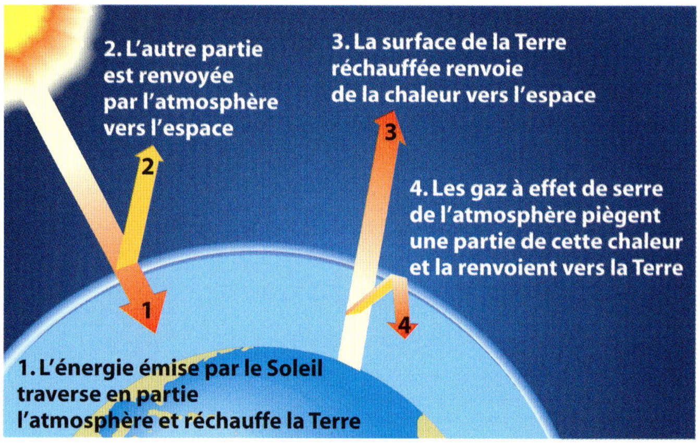

Les sources de pollution de l'air

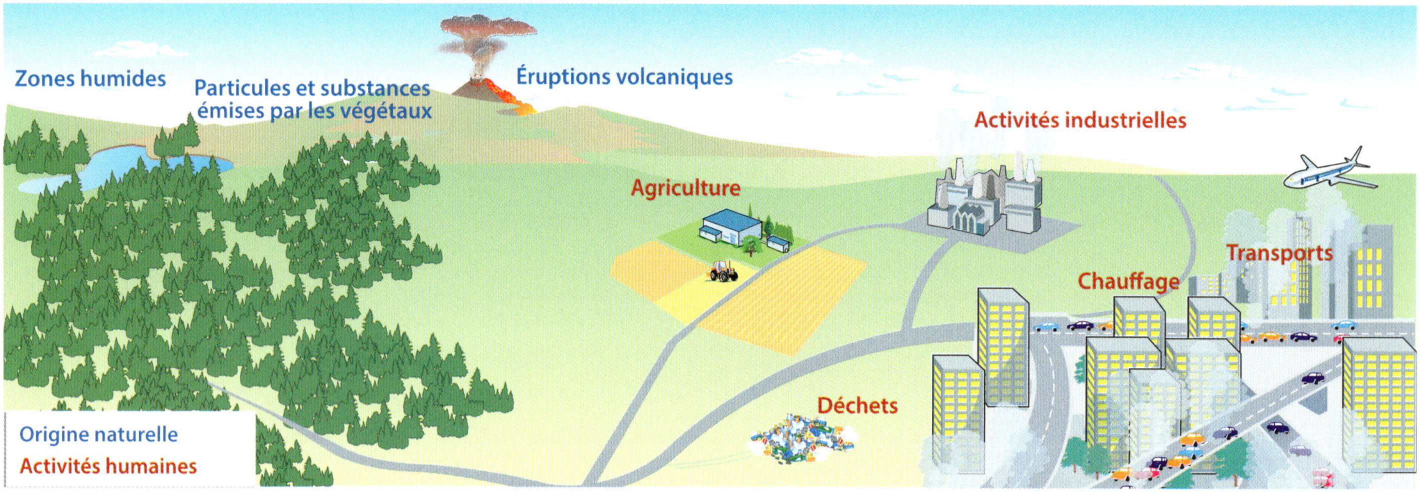

Je retiens

13 L'**air** est un mélange de **plusieurs gaz** dont les principaux sont l'**azote** et l'**oxygène**. Sa composition peut être modifiée par différentes substances qui altèrent sa qualité et le polluent.

Cette **pollution**, provenant de l'**activité humaine** ou d'**origine naturelle**, a des effets sur notre **santé** (toux, infections pulmonaires…) et sur l'**équilibre de notre environnement**. Elle est également, en partie, la cause du **changement du climat** de notre planète.

Chacun de nous doit donc agir pour **diminuer la quantité de ces polluants**.

VOCABULAIRE

Effet de serre : phénomène au cours duquel une partie de la chaleur provenant du Soleil reste piégée dans l'atmosphère terrestre comme dans une serre. C'est un phénomène naturel accentué par la pollution que provoquent certains gaz.

Pollution : détérioration de l'environnement par des déchets, des matières dangereuses ou par d'autres nuisances.

Poussière : particules fines qui troublent la pureté d'un milieu.

Qualité de l'air : état plus ou moins propre de l'air.

Réchauffement climatique : augmentation de la température moyenne de l'atmosphère terrestre et des océans.

À moi de jouer !

1 La composition de l'air

Trace sur ton classeur une grille de 10 carreaux de côté.
Chaque carreau symbolise une particule constituant l'air.

Représente dans cette grille la composition de l'air pour 100 particules d'air.
Pour cela, colorie :
- en **bleu** les cases représentant le nombre de particules d'azote ;
- en **rouge** celles qui représentent le nombre de particules d'oxygène ;
- en **orange** celles qui représentent le nombre de particules des autres gaz (dioxyde de carbone et gaz rares).

2 La qualité de l'air en Europe

La pollution est-elle également répartie en Europe ?
Compare cette carte avec une carte géographique.
Que constates-tu ? Comment l'expliques-tu ?

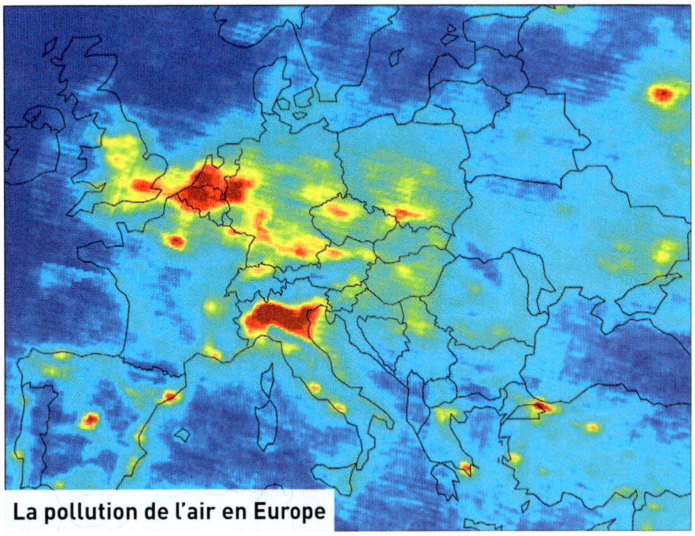

- Air très pollué
- Air pollué
- Air moyennement pollué
- Air peu pollué
- Air très peu pollué

La pollution de l'air en Europe

DÉFI Prouver l'existence de poussières dans l'air

Organisation :
Individuel ou en groupe

L'air qui nous entoure est chargé de poussières, fines particules en suspension, que l'on ne voit pas le plus souvent.

- Sauras-tu trouver un (ou plusieurs) moyen(s) de mettre en évidence leur existence ?
- Explique dans ton classeur de sciences comment tu comptes t'y prendre.
- Puis, teste tes propositions à l'aide du matériel que tu auras déterminé et fais un compte rendu.

FICHE MÉTHODE N° 2 : LE COMPTE RENDU D'EXPÉRIENCE.

Le magazine d'Archimède

Une campagne de lutte contre la pollution de l'air intérieur

Source : www.appa.asso.fr

TROIS GESTES SIMPLES PERMETTENT DE CHANGER D'AIR.

1. AÉRER

Aérer 10 minutes chaque jour, été comme hiver, pour renouveler l'air intérieur et réduire la concentration des polluants dans votre logement.

Adaptez l'aération à vos activités. Aérez davantage lorsque vous bricolez, cuisinez, faites le ménage, faites sécher du linge à l'intérieur, ou après une douche ou un bain.

Ne laissez jamais votre enfant seul et sans surveillance quand vous aérez.

2. VENTILER

Les systèmes de ventilation (naturelle par des bouches d'aération ou mécanique avec une VMC) renouvellent l'air en assurant une circulation générale et permanente.

Pour une ventilation efficace :
- Ne bouchez jamais les entrées d'air, les grilles d'aération ou les bouches d'extraction même l'hiver, et entretenez-les tous les ans.
- Ne bloquez jamais votre VMC (Ventilation Mécanique Contrôlée) et faites-la vérifier tous les 3 ans par un spécialiste.

3. IDENTIFIER ET AGIR SUR LES SOURCES DE POLLUTION

Agir à la source est la solution la plus efficace pour éliminer les polluants car aérer et ventiler ne permettent que de les diluer.

Pour ce faire, sachez :
- Identifier les principales sources de pollution de l'air de votre logement (tabagisme, humidité, produits chimiques...).
- Adopter les bons gestes pour agir sur ces polluants.

Pour cela, procurez-vous gratuitement le guide de la pollution de l'air intérieur sur www.prevention-maison.fr.

Et pourtant, il a une masse...

Nous faisons rarement attention à l'air qui nous entoure, comme s'il n'existait pas... Pourtant, bien que très léger, il pèse quand même sur nous.

Dans ta chambre, par exemple, la masse totale de l'air est d'environ 30 kg !

Les pluies acides

Les particules acides produites notamment par les gaz d'échappement de nos voitures et par les combustibles que nous utilisons pour nous chauffer s'accumulent dans l'atmosphère. Elles sont transportées par les vents, parfois à des milliers de kilomètres de leur lieu d'émission. Lorsque les précipitations (pluie, neige, grêle…) tombent, elles emportent ces particules acides avec elles jusqu'au sol. Les conséquences sont nombreuses sur notre environnement : ces pluies acides dégradent la qualité de l'eau et des sols, détruisent les forêts, abiment les monuments…

Une statue dégradée par des pluies acides

Étonnant !

La nature est souvent étrange

Cette araignée, appelée Argyronète, vit sous l'eau. Contrairement aux poissons, elle n'a pas d'organe qui lui permette de respirer dans ce milieu. Elle y parvient tout de même grâce à des bulles d'air qu'elle emprisonne dans une toile tissée entre des plantes aquatiques.

Étonnant !

Des plantes dépolluantes…

Sais-tu que l'air de nos maisons, bureaux, écoles est 10 fois plus pollué que l'air que l'on respire à l'extérieur ? Les sources de cette pollution sont multiples : ce sont les colles, les produits d'entretien, les peintures… Nous passons pourtant près de 80 % de notre temps dans ces espaces fermés. Une étude récente de la Nasa, l'agence spatiale américaine, a démontré que certaines plantes (le lierre, le ficus, les cactus…) ont la capacité de purifier cet air.

14 Comment protéger la nature de nos déchets ?

On en discute

A Chaque année, en France, entre 15 000 et 20 000 tonnes de déchets sont déposées sauvagement dans la nature, sur le bord des routes, dans les chemins, les forêts… Fais une liste des conséquences que ces gestes irrespectueux et interdits entrainent.

B Combien de temps faut-il à chaque déchet présenté ici pour se dégrader et disparaitre de la nature, s'il n'est pas ramassé et traité par l'homme ? Range ces déchets en fonction du temps qu'ils mettent à disparaitre.

C Lorsqu'un objet disparait après s'être dégradé, cela veut-il dire qu'il ne laisse aucune trace dans la nature ?

Je cherche des réponses

ÉTAPE 1 Que pouvons-nous faire pour réduire nos déchets ?

1 Voici les courses que vient d'effectuer une famille.

■ Que constates-tu ?

➔ **Quels conseils pourrais-tu lui donner pour l'aider à réduire la quantité de déchets qu'elle produit ? Note tes propositions et compare-les à celles de tes camarades.**

ÉTAPE 2 Combien faut-il de temps à nos déchets pour disparaitre ?

NÉCESSITE LA PRÉSENCE D'UN ADULTE

2 Creuse un trou dans la terre d'un massif de l'école ou dans une jardinière placée dehors. Dépose des objets au fond, sur la terre, comme sur la photo. Repère bien l'emplacement de chaque objet et rebouche le trou.

■ À ton avis, comment sera chaque objet au bout d'une semaine ? d'un mois ? d'une année ? Note tes hypothèses dans ton classeur de sciences.

■ Déterre ces objets au bout d'une semaine pour les observer, puis remets-les en place. Que constates-tu ?

■ Fais la même chose au bout d'un mois, puis à la fin de l'année scolaire. Qu'est-ce qui a changé ?

➔ **Quelles conclusions peux-tu en tirer ?**

3 Propose une définition du mot biodégradable dans ton classeur. Puis, vérifie son sens à l'aide d'un dictionnaire.

Le magazine d'Archimède
Comment fabriquer du « plastique » biodégradable ?
À lire page 62.

15 Que faire des déchets que nous rejetons ?

On en discute

A Associe chaque déchet (photos 1 à 9) à l'endroit où tu dois le déposer lorsqu'il est usagé.

B Peux-tu donner un nom à ce qui est représenté sur les dessins **a** à **g** ? Note tes réponses dans ton classeur de sciences.

C Propose une définition du mot recyclage.

Je cherche des réponses

ÉTAPE 1 Comment savoir où jeter un produit ?

1 Tu as certainement déjà observé ces pictogrammes sur les produits que tu utilises.

- Imagine quelle peut être la signification de chacun d'eux.
- Enquête pour savoir à quoi ils correspondent réellement.

ÉTAPE 2 Que deviennent les déchets que nous trions ?

2 En t'aidant du document ci-contre, rédige dans ton classeur un court texte qui explique les différentes étapes du recyclage des déchets en papier.

- Que se passe-t-il selon toi dans le centre de tri ?
- Cite les étapes du recyclage dans la papeterie.
- Recherche des exemples de produits issus du recyclage du papier.

→ **Pourquoi est-il préférable d'utiliser du papier recyclé plutôt que du papier neuf ?**

Le recyclage du papier

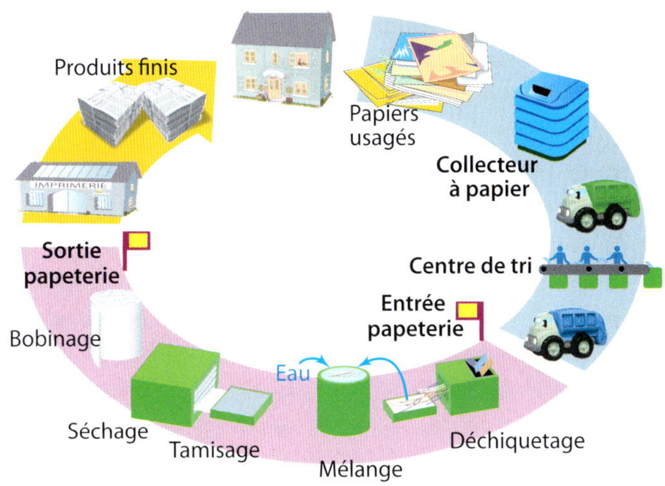

ÉTAPE 3 Où partent les déchets de ta commune ?

3 Mets en place le tri sélectif dans ta classe ou dans ton école si ce n'est pas déjà le cas.

4 Enquête sur les circuits des différents déchets ramassés dans ta commune. Fais la liste des personnes que tu pourrais interroger.

Le magazine d'Archimède

Quel objet surprenant a été fabriqué en réutilisant des bouteilles en plastique ? À lire page 63.

J'ai compris

LES DÉCHETS

- **Les circuits possibles de traitement des déchets**

- **Les déchets abandonnés dans la nature ne mettent pas tous le même temps à se dégrader.**
(Voir en fin d'ouvrage, au recto de la couverture.)

5 ans	300 ans	4 000 ans

- **On peut fabriquer de nouveaux objets à partir de ce que l'on jette : c'est le recyclage.**
(Voir en fin d'ouvrage, au recto de la couverture.)

Je retiens

14 Un **déchet** est ce qui reste d'un produit, d'un objet après son utilisation. C'est un des problèmes majeurs de notre société. Certains déchets se dégradent rapidement s'ils sont abandonnés dans la nature, on dit qu'ils sont **biodégradables**. D'autres mettent plusieurs milliers d'années à disparaitre. C'est pourquoi il faut impérativement **réduire la quantité de déchets** que nous rejetons.

15 On peut limiter les quantités de déchets. Il faut réduire leur production, les réutiliser (ou les revendre) ou les recycler pour leur donner une nouvelle vie.

C'est la règle des 3 « R » : **Réduire**, **Réutiliser**, **Recycler**.

VOCABULAIRE

Collecte : Action qui consiste à recueillir des objets.

Matériau : Matière constituant un objet.

Recyclage : Traitement des déchets ayant pour but de réutiliser les matériaux qui les composent.

Tri : Action qui consiste à faire des regroupements selon certains critères.

À moi de jouer !

1 Les déchets d'hier et d'aujourd'hui ...

Selon toi, pourquoi la quantité de déchets que nous produisons augmente-t-elle chaque année ? Cite plusieurs exemples de produits que nous utilisons actuellement et qui produisent plus de déchets qu'autrefois.

2 Le tri des canettes

Imagine comment les canettes en aluminium sont séparées des canettes en acier dans les centres de tri automatisés. Quelle expérience peux-tu proposer pour le vérifier ? Peux-tu alors expliquer pourquoi on peut mettre plusieurs types de déchets dans les mêmes sacs de tri ?

3 Une seconde vie pour nos déchets

Imagine de nouvelles vies pour des déchets que nous produisons. Réfléchis à la façon dont nous pourrions les réutiliser au lieu de les jeter. Fais des dessins de tes projets et liste le matériel dont tu auras besoin comme dans les exemples ci-dessous.

◀ **Matériel**
- fonds de bouteilles d'eau gazeuse ;
- grillage ou colle ;
- tige plastique ou métallique ;
- fil de fer.

▶ **Matériel**
- bouteilles d'eau gazeuse ;
- bouteille de lait ;
- bouchon de bouteille ;
- ficelle ;
- fil de fer.

DÉFI Recycler du papier en classe

Matériel :
Des chutes de papier, de l'eau. Tu choisiras le reste du matériel en fonction de la recette que tu suivras.

Organisation :
Par groupe

- Trie et conserve le papier qui est jeté dans la classe. Recherche dans des livres ou sur Internet comment recycler facilement ce papier en classe.
- Fabrique à ton tour du papier recyclé. Tu peux aussi le colorer, le décorer avec des paillettes, des fleurs séchées...

Fais un compte rendu du recyclage du papier que tu viens d'effectuer.

FICHE MÉTHODE N° 2 : LE COMPTE RENDU D'EXPÉRIENCE.

Le magazine d'Archimède

Recette pour fabriquer du film biodégradable

NÉCESSITE LA PRÉSENCE D'UN ADULTE

Matériel pour fabriquer environ 10 films

- 50 g d'amidon de maïs (type Maïzena)
- 1 L d'eau
- 20 mL de glycérine (en vente en pharmacie)

- verre doseur
- pipette ou compte-goutte
- balance Roberval avec masses marquées ou balance électronique
- casserole
- plaque chauffante
- fouet ou cuillère en bois
- support rigide en plastique ou en verre

▲ Certains sacs sont biodégradables.

Comment t'y prendre ?

- Verse l'eau dans une casserole.
- Ajoute la glycérine et agite ce mélange à l'aide du fouet.
- Ajoute ensuite progressivement l'amidon de maïs tout en continuant de remuer.
- Chauffe ce mélange jusqu'à ce qu'il devienne translucide, puis continue de le faire chauffer à feu doux tout en le remuant pendant 10 minutes.
- Verse le mélange (encore chaud et liquide) sur le support rigide, en le répartissant en une fine couche.
- Laisse-le sécher à température ambiante pendant environ une semaine.
- Une fois sec, le film peut être décollé.
- Plonge un morceau du film dans un saladier rempli d'eau et agite. Que se passe-t-il ?

Plastiki, le catamaran fait de bouteilles en plastique qui a traversé le Pacifique

Étonnant !

**À la fin du mois de juillet 2010, le Plastiki arrivait dans le port de Sydney après 4 mois en mer et 15 000 km parcourus depuis son départ de San Francisco.
12 500 bouteilles en plastique ont été assemblées avec de la colle organique (non polluante) pour constituer ses flotteurs. Pour avancer, il n'a utilisé que des énergies renouvelables : solaire et éolienne (notamment grâce à ses voiles en plastique recyclé).
Le but de cette aventure était de sensibiliser le grand public à la pollution des océans.**

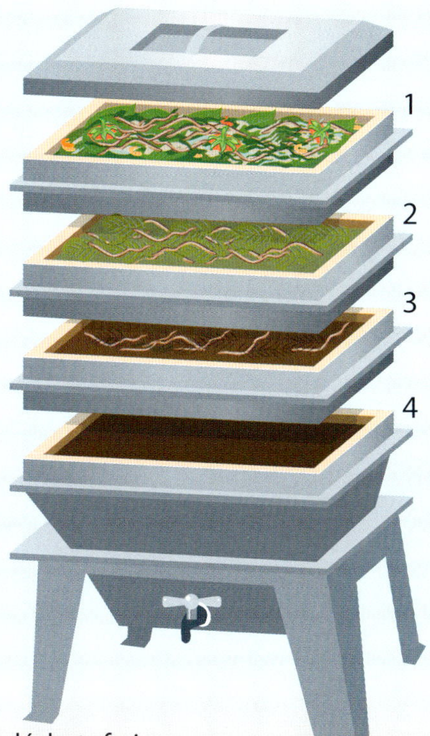

1 : déchets frais
2 : déchets partiellement transformés
3 : compost
4 : bac de récupération du lombrithé

Processus de fabrication du compost dans un lombricomposteur

Qu'est-ce que le lombricompostage ?

Environ un quart de nos poubelles est constitué de déchets d'origine animale ou végétale comme les épluchures, les restes d'aliments, etc. Une solution originale existe pour les transformer en compost, une sorte de terreau riche en éléments nutritifs pour les plantes : c'est le lombricompostage.
Dans un lombricomposteur, des vers se nourrissent de ces déchets. Et leurs déjections, en s'accumulant, forment ce compost. L'eau qui était contenue dans les déchets peut être récupérée et servir d'engrais naturel : c'est le lombrithé.

TABLE DES ILLUSTRATIONS

4 -1 ph © Eurasia Press/Photononstop
4 -2 ph © Philippe Bousseaud/Biosphoto
4 -3 ph © Vlad09/Shutterstock
4 -4 ph © Hervé de Gueltzl/Photononstop
4 -5 ph © Photo12/Alamy
4 -6 ph © Mauritius/Photononstop
5 -1 ph © Bruno Hennoque
5 -2 ph © Burger/Phanie
8 -1 ph © Buchcover / Photononstop
8 -2,3 ph © Photo12/Alamy
9 -1 ph © beyond/Corbis
9 -2 ph © Shebeko/Shutterstock
9 -3 ph © Gallery Stock/Photononstop
9 -h ph © Frédéric Hanoteau
10 ph © Bruno Hennoque
11 ph © Frédéric Hanoteau
12 -1 ph © Gary Edwards/Corbis
12 -2 ph © Anthony Bradshaw/Getty Images
12 -3 ph © Dan Bronsword/Photononstop
13 ph © Frédéric Hanoteau
14 -d ph © Anthony Bradshaw/Getty Images
14 -g ph © Bruno Hennoque
15 -1 ph © Bruno Hennoque
15 -2 doc. Sefama international
15 -3 ph © Wouter Tolenaars/fotolia
15 -b ph © Vlad09/Shutterstock
16 -1 ph © Leena Holmström / Getty Images
16 -2 ph © A.J.Cassaigne/Photononstop
16 -3 ph © Photo12/Alamy
16 -4 ph © Photodisc
17 ph © Frédéric Hanoteau
18 ph © Photo12/Alamy
19 ph © Frédéric Hanoteau
21 ph © Frédéric Hanoteau
22 -b ph © Frédéric Hanoteau
22 -h ph © Photo12/Alamy
22 -m ph © Gary Hincks / SPL /Biosphoto
23 -b ph © KK-Foto /fotolia
23 -h ph © De Agostini / R. Ghislandi/Getty Images
23 -md ph © thieury/fotolia
23 -mg ph © David Wood/fotolia
24 -a ph © fedor Selivanov/Shutterstock
24 -b ph © Hervé de Gueltzl/Photononstop
24 -c ph © Photo12/Alamy
24 -d ph © Boris Horvat/AFP
24 -e ph © Camille Moirenc/hemis.fr
24 -f ph © Infinity/fotolia
25 ph © Frédéric Hanoteau
27 ph © warmer/Shutterstock
28 -b ph © Vlad09/Shutterstock
28 -h ph © Christian Ziegler / Minden Pictures/Biosphoto
29 -b ph © Esa
29 -h ph © Nasa
30 -1 ph © Laura Doss / Age fotostock
30 -2 ph © Marc Paygnard/Rapho
30 -3 ph © Fancy / Photononstop
35 -2 © Pure province
36 -b ph © Jean-Pierre Theron/Biosphoto
36 -h ph © Cheryl Ravelo / Reuters
37 -b ph © Michel Gunther/Biosphoto
37 -h ph © Patrick Gherdoussi /Maxppp
37 -m ph © Alexandre Gelebart /Rea
38 ph © Frédéric Hanoteau
39 ph © Frédéric Hanoteau
40 ph © Matthieu Colin / hemis.fr
41 ph © Andrew Hunanangst / Getty-images
43 ph © Frédéric Hanoteau
44 -b © Sodastream
44 -h ph © Danita Delimont Stock / Age fotostock
44 -m ph © Elena Moiseeva/Shutterstock
45 -b ph © Archives Hatier
45 -h ph © José Lucas / Age fotostock
46 -1,2 ph © Bruno Hennoque
46 -3 ph © Frédéric Hanoteau
47 -1 ph © Frédéric Hanoteau/Archives Hatier
47 -2 ph © Jean Riby/Archives Hatier
47 -3 ph © Frédéric Hanoteau
49 ph © Bruno Hennoque
50 -1 ph © CMSP/Getty Images
50 -2 ph © Wdeon/Shutterstock
50 -3 ph © AFP Creative / Photononstop
50 -5 ph © Francois Henry/Rea
50 -6 ph © Steven Puetzer/Getty Images
51 -3 ph © Frédéric Hanoteau
53 doc. IUP Heidelberg, Allemagne
54 -bg ph © Getty Images
54 -hd © APPA/UNAF/GDF-SUEZ
54 -hg © www.inpes.sante.fr
55 -b ph © Tom / Andia.fr
55 -h ph © Adam Hart-Davis / /Biosphoto
55 -m ph © Axel Grambow / Oka/Biosphoto
56 -m ph © Claudius Thiriet/Biosphoto
56 -v ph © Amathieu/fotolia
56 -v ph © alexandr Bilinov/fotolia
56 -v ph © Gunnar Assmy/fotolia
56 -v ph © Gilles Paire/fotolia
56 -v ph © Photka/fotolia
56 -v ph © Vera Anistratenko/fotolia
56 -v ph © cretolamna/fotolia
56 -v ph © Photka/fotolia
57 -1 ph © Liaurenko/fotolia
57 -2 ph © Joe Gough/fotolia
57 -3 ph © Donatella Tandelli/fotolia
57 -4 ph © meailleluc.com/fotolia
57 -5 ph © Dimitry DG/fotolia
57 -6 ph © nothingbutpixel/fotolia
57 -7 ph © imagedb.com/fotolia
57 -b ph © Hanoteau Frédéric
58 -1 ph © TomFreeze/fotolia
58 -2 ph © pixel974/fotolia
58 -3 ph © sergey Yarochkin/fotolia
58 -4 ph © aigarsr/fotolia
58 -5 ph © Photka/fotolia
58 -6 ph © Vadidak/fotolia
58 -7 ph © Patryssia/fotolia
58 -8 ph © Bruno Hennoque
58 -9 ph © Gilles Paire/fotolia
59 -b ph © Juices Images / Photononstop
61 -2 ph © Giuseppe Porzani/fotolia
61 -3 doc. Avec l'aimable autorisation de la Mairie de La Vraie-Croix (Morbihan)
62 -h ph © Hanoteau Frédéric
62 -mb doc. Alfapac
63 -b doc. Garantia
63 -h ph © Robert Galbraith / Reuters

plat 1 de couverture -g ph © Frédéric Hanoteau/Archives Hatier
plat 1 de couverture -d ph © Frédéric Hanoteau
plat 4 de couverture ph © Frédéric Hanoteau
couverture : ph © Corbis/Photononstop

Malgré nos efforts, il nous a été impossible de joindre certains photographes ou leurs ayants-droit, ainsi que des éditeurs ou leurs ayants-droit de certains documents, pour solliciter l'autorisation de reproduction, mais nous avons naturellement réservé en notre comptabilité des droits usuels.

Achevé d'imprimer en France par Pollina - L24286
Dépôt légal n°97961-3/01 - février 2014